跟任何人都聊得来

博　群　编著

吉林文史出版社

前　言

跟人聊得来，到底有多重要？跟人聊得来是一种需要。聊得来，我们才能保持在同一频道上顺畅沟通；聊得来，我们才能约得到、吃得开、关系牢、职位好。

聊天不仅是一项技术、一种能力，更是一门能够让你交到许多朋友的社交艺术。在这个世界上，你的说话技巧好一点儿，就能让你的世界宽一点儿。老板选择谈判代表，一定是选口才好的那一个；情场上，会说话、能逗人开心的人总是比较受欢迎；职场上，善于说话的人，总会比较吃香；会愉快聊天的人，也总能交到朋友并得到他们的帮助……相反，一个人如果沉默寡言，不善言谈，往往就会被冷落，很难与人交往。

现代社会需要机敏灵活、巧言妙语的口才高手。羞怯拘谨、不善表达的人，总会处在交际困难的尴尬中。有些人很有知识，可就是因为缺乏“嘴上的功夫”，而不受人们欢迎。有些人工作做得也很出色，可一讲话就语无伦次，拘谨慌张，失去了很多晋升的机会。

俗话说，一言能兴邦，一言能丧国。也许有时你只是说话说得正高兴，没注意到和你谈话的人的情况，并非是故意的，却也在不知不觉中伤了人；也有可能真的是少了根筋，只顾自己痛快，忽视了他人感受。说话是一种技巧，不懂技巧、不会说话的人，必然处处碰壁，严重的还会给自己带来麻烦。

因此，好口才在我们日常生活中举足轻重。拥有好口才的人字字珠玑，口若悬河，幽默自信，言语间展现出令人心动的个人魅力，让听者如沐春风、心悦诚服。而口才不是天生的，需要靠后期训练才能成为口才高手。

从冷场王到聊天王的“退羞大全”让你的嘴巴描绘出一个精彩的世界。《跟任何人都聊得来》是一本交际口才指导书，它总结了聊天高手在实际生活和工作中经常运用的聊天技巧。人的聊天技巧并不是天生就有的，而是可以在后天环境熏陶和有意识的培养下获得的。本书选取了生活和工作中常见的口才实例，详细地介绍了一些常见的说话方法与技巧，告诉你在不同场合下，与不同的人如何打交道、交朋友，让你轻松成为一个会说话、会聊天、会做人的社交达人。

目 录

chapter 1 第一章
一开口，让所有人都喜欢你

亲善，是一切交流的基础

亲善的意思是“建立或重建和谐友好的关系”，也就是说，我们可以通过建立亲善关系，创造一种相互信任、相互满意和相互合作的人际关系。

亲善是人们建立亲密私人关系的首要条件，同时也是一切交流的基础。如果你没有和对方建立亲善关系，那么，哪怕是让孩子把鞋放入鞋柜里这样简单的事也会举步维艰，因为对方根本不会听你的。

一个总统有了这种与他人建立亲善关系的能力，可以和世界其他国家搞好关系，可以使国家的政府要员团结在他的周围，将自己推行的政策执行好。

一个公司总裁有了很好的处理人际关系的能力，他可以有效地和其他公司的总裁打交道，来完成自己的目标；他可以有效地在公司内部建立起自己的威信，来完成公司的业绩。

一个销售人员如果有很好的人际关系能力，可以将他的产品有效地推销出去；一个办公室职员有了很好的与他人建立亲善关系的能力，他可以处理好与同事以及上司的关系，这对他的升迁以及职场发展是极为有利的。

一个老师有很好的处理人际关系的能力，他可以和学生、同事、领导搞好关系，使他的教学更有效果，使他的同事喜欢他，领导也会更重用他。

正如唐太宗所说："水能载舟，亦能覆舟。"人在社会中生存，人际关系既能推动你走向成功，同时也能让你顷刻间一无所有。所以，我们一定要注重与他人建立亲善的关系，因为它是一切交流的基础，同时也是我们的人生发展能否顺利的重要因素之一。

任何时候都要维护他人的自尊

许多人自尊心非常强，不到万不得已不轻易求人。因为一旦乞求别人的帮助就意味着自己是弱者而对方是强者，自己受别人的恩惠，就要看人家的脸色，在别人面前气短三分。正因为如此，我们在为别人提供帮助时，也要考虑自己的说话办事的方法，不要伤及对方的尊严，才能使他真正得到帮助。否则人情没有做成，反而招人埋怨。

一位女士讲述了她祖父的故事。当年祖父很穷，冬天来了，他没有钱买木柴，就去向一个富人借钱。富人爽快地答应借给他两块大洋，很大方地说："拿去花吧，不用还了！"

祖父犹豫了一下，还是接过钱，小心翼翼地包好，就匆匆往家里赶。富人冲他的背影又喊了一遍："不用还了！"

第二天大清早，富人打开院门，发现门口的积雪已被人扫过了。他在村里打听后，得知这事是借钱的人干的。

富人想了想，终于明白了：自己昨天的举动是给别人一份施舍。于是他让借钱人写了一份借条，约定以扫雪来偿还借款。

祖父用扫雪的行动提醒富人，任何人都有尊严。可见，即使是在帮助别人的过程中，也要考虑对方的感受，不要摆出一副"施舍"的姿态，否则一片好心反而遭来怨恨，得不偿失。

发现他人优点，巧妙赞美

社会是由各种各样的人组成的，这些人都有不同的思想性格、兴趣爱好与生活习惯。有的人热情开朗，有的人沉静稳重，有的人性子急躁，有的人心胸狭窄。但是不管他们是哪种人，都喜欢被别人认可和赞美。上至古稀老人，下至三岁孩童，在内心最强烈的渴求就是自尊，就是得到人们的重视。

学会"乐道人之善"，与人相处时，要能看到对方的优点和长处，即使对不喜欢的人，也不要抱有个人的成见和看法，只见"乌云"不见"太阳"。无论是对待同事、朋友、亲人，还是萍水相逢的陌生人，要多发现他们的长处，多学他们的优点，不能看自己是"一朵花"，看别人就是"满身疤"。我们经常会见到这样一种人：他对自己所做的工作一点一滴都记在心头、挂在嘴上，挑别人的毛病也绝无遗漏，说起来如数家珍。而对自己的毛病、别人的长处，则一概缄口不语。这种人往往为人们所不齿，被称为“不团结因子”。

“乐道人之善”，一方面要注意不能因为自己比别人做的工作多一点儿或能力强一点儿，就沾沾自喜，瞧不起别人；另一方面还要善于发现别人的优点、长处，对他人的工作成绩多加褒扬。这样，不仅显示出了自己虚怀若谷的风度，有益于团结，而且对自己的成长与进步也会大有好处。当然，对别人应该实事求是、恰如其分地赞美，如果不顾事实或夸大事实，效果可能会适得其反。

那么，从现在开始，与人交往的时候，请不要再吝啬你的美言了！

别人得意之事挂在嘴上，自己得意之事放在心里

诚然，人在得意时都会有张扬的欲望，都想及时地把得意的事和大家分享，以显示自己的优越感，但是当你想谈论你的得意时，要注意说话的场合和对象。你可以在演说的公众场合谈，对你的员工谈，享受他们投给你的钦羡目光，也可以对你的家人谈，让他们以你为荣，引以为豪，但就是不要对失意的人谈。因为失意的人最脆弱，也最敏感，更容易触发内心的失落感。你的每一句得意之言都会在他心中形成鲜明的对比，你的谈论在他听来都充满了嘲讽的味道，让失意的人感到你“看不起”他。

自己的得意事放在心里，别人的得意事挂在嘴边，只有铭记这一点，才不会被人讨厌，才有可能真正被人接纳，找到成事的

“切入点”，让自己的人生多一条坦途，少一分牵绊。

不要时时都去争口头上的胜利

每个人都不愿意认输，不愿意承认自己错了。与人争论时，要考虑对方的这种心理，不必硬要分出胜负，得理也让人三分，别人定会心存感激，至少不会与你为敌。

总是喜欢争口头上胜利的人，渐渐地会形成一种习惯：不管自己有理无理，一旦用到嘴巴，他绝不会认输，而且也不会输，因为他有本事抓你语言上的漏洞，也会转移战场，四处攻击，让你毫无招架之力；虽然你有理，他无理，但你就是拿他没办法。

在辩论会、谈判桌上，这种人也许是个人才，但在日常生活和工作场合中，这种人反而会吃亏，因为日常生活和工作场合不是辩论场，也不是会议场和谈判桌，你面对的可能是能力强但口才差，或是能力差、口才也差的人，你辩赢了前者，并不表示你的观点就是对的，你辩赢了后者，只能突显你只是个好辩之徒且没有“心眼”罢了。

而一般常见的情形是，人们虽然不敢在言语上和你交锋，但对的事情大家心知肚明，反而会同情“辩”输的那个人，你的意见并不一定会得到支持，而且别人因为怕和你在言语上交锋，只好尽量回避你。如果你得理还不饶人，把对方“赶尽杀绝”，让他没有台阶下，那么你已种下仇恨的种子，这对你绝对不是好事。

你应该也有过这样的体会，一个人在提出自己的意见后，一旦遭到全盘否定，你的自尊心往往使他采取以牙还牙式的反抗。这种心理反应会极大地阻碍谈判的顺利进行。相反，一个人在提出自己的意见后，一旦受到某种程度的肯定和重视，人的自尊心会引导心理活动形成一种兴奋优势，这种兴奋优势会给人带来情感上的亲善体验和理智上的满足体验。这种体验一旦发生，就会有利于纠纷的调解，使争执双方的意见达成一致。

不把别人比下去，不被别人踩下去

每个人都难免有一些嫉妒心，你太优秀、太耀眼，难免刺伤别人的自尊和虚荣。想想看，当你将所有的目光和风光都抢尽了，却将挫败和压力留给别人，那么别人在你的光芒的压迫之下，还能够过得自在、舒坦吗？

有才却不善于隐匿的人，往往招来更多的嫉恨和磨难。

要想使自己免遭嫉妒者的伤害，你需要注意自己的言行，尽量不要刺激对方的嫉妒心理。对于你周围的嫉妒者，可回避而不宜刺激。同事的嫉妒之心就像马蜂窝一样，一旦捅它一下，就会招来不必要的麻烦。既然嫉妒是一种不可理喻的低层次情绪，就没必要去计较你长我短、你是我非，更不必针锋相对，非弄个水落石出、青红皂白不可。须知，这不是学术讨论，更不是法庭对峙，你的对手不会用逻辑、情理或法律依据与你争锋的。

事实上，嫉妒之人本来就不是与你处在同一档次上，因而任何据理力争都会使你吃亏，浪费时间，虚掷精力，最佳的应对方式是胸怀坦荡、从容大度。对嫉妒者的种种雕虫小技，完全可以视若不见、充耳不闻，以更为出色的成绩来证实自己的实力。

感激之情要溢于言表

中国是有着五千年文化传统的礼仪之邦，中国人向来是重感情的，但含蓄内敛的天性又使得我们不善于表达自己内在的感情。在人们的日常生活和社会交往中，“谢谢”这两个字具有非凡的社交魅力。

很多人并非不想表达他们的感激之情，只是不知道该如何开口，所以选择了沉默。还有些人，他们充满感情的表达却让对方感到不自在。善于表达，懂得说谢谢的社交高手总是在表达的时候让人感到内心的愉悦。

当然，在人际交往中，说“谢谢”，应注意以下几点。

1.言为心声

“谢谢”应该是心中一腔感激之情在语言上的自然流露。要做到声情并茂，语调欢快，吐字清晰，而不能含混不清、嘟嘟哝哝。而且说“谢谢”时，眼睛要看着被感谢人，脸上应有诚恳、生动的表情，并配以恰当的手势动作。不过，动作不要夸张死板。可以设想一下，您在感谢时，倘若手舞足蹈、举止轻浮，一下子拍拍对方的肩，一下子拉拉对方的手；或者表情木然，低着头或看着别人，那么，对方肯定会心生不快之感。

2.注意场合

如果与对方单独在一起时，对他（她）表示感谢，一般会有好效果，也不会使被感谢人难堪。同时，还要注意双方的关系。

例如，双方是一般熟人或同事关系，可以用直接“感谢您”“非常感谢”之类的话。可用称赞语或陈述语来表达谢意。儿子对妈妈就可以说：“妈妈，您真好，是天底下最好的妈妈。”

3.形式多样

感谢从不同的角度分，有不同的种类。有对对方个人的感谢，也有对对方单位的感谢；有对对方行为的感谢，也有对对方人品的感谢；有个人之间的感谢，有群体之间的感谢，还有国家之间的感谢；有语言的感谢，有礼物的感谢；有口头的感谢，有电话感谢，有信函感谢。应选用恰当的类型与渠道，例如做客时受到盛情款待，可以在第二天打电话表示感谢。如果是公事访问，可以在访问之后用电报信函方式表示感谢。

要记住：与别人交往时，“感激之情要溢于言表”，一声源自内心的感激，一定会赢得别人的心。此外，表达感激时最重要的是要端正自己的态度，表达你的感激时最好要专注地看着对方，这样你的话才显得是出于真心的，你的感情才显得真挚。

关怀的理念

对人关心和体贴，自然会让人感到温暖。多说这一类的话，会赢得真心的感动和感激。体贴，代表了对别人的爱护、关切和照顾。歌曰：“只要人人都献出一点爱，世界将变成美好的人间。”对别人体贴就是对别人献出了爱，别人受爱的感化，也会以爱相回报。体贴的话会换来友爱，换来真诚，而“友爱”和“真诚”是每个人都需要的。有些人不是慨叹这世上“友爱”和

“真诚”太少了吗？其实，只要问问他：“你又给过别人多少体贴呢？”恐怕回答起来就很尴尬了。

此外，你平时对别人表现出的关怀，还会成为你求别人办事的一种途径。想想你平时对别人那么好，谁还能拒绝为你办些事情呢？

说话的魅力在于真诚

真诚的语言是最能打动人的，巧妙地运用充满真情实意的话语，可以促使说者与听者产生情感共鸣，可以使双方的关系变得融洽，从而营造出一种良好的沟通氛围，赢得良好的人际关系，为成功创造有利的条件。

此外，在人际交往中，我们经常会遇到“祝贺”这种交往形式，一般是指对社会生活中有喜庆意义的人或事表示良好的祝愿和热烈的庆贺。通过祝贺表示你对对方的理解、支持、关心、鼓励和祝愿，以抒发情怀，增进感情。

祝贺的语言要真诚、富有感情色彩，语气、表情、姿态等都要有情感性。这样才会有较强的鼓动性与感染力，才能达到抒发感情、增进友谊的目的。

道歉也是人际交往中常见的交流活动。为人处世，犯错误总是难免的，毕竟“人非圣贤，孰能无过”。但是犯错误后的态度非常重要。所以犯错误后，我们首先要坦率承认、真诚道歉。

你道歉的时候态度真诚，别人就会原谅你。相反，有的人在犯错后态度极差，道歉时让人看不到一丝真诚，有的甚至根本就不道歉，只是一味地为自己辩解，结果使彼此之间的裂痕越来越大。

古人云："有朋自远方来，不亦乐乎！"道出了朋友间的真情厚谊，反映了他们肝胆相照，充满真诚的交往过程。可以说，充满真诚、以诚暖人是交友沟通、打动人心的重要因素，是赢得知心朋友的关键所在。

让对方表现得比你出色

每个人都希望自己比别人优秀，我们在对待朋友时，要尽量让其表现得比你出色，这样既表现出自己的谦虚，又让朋友喜欢你，达到融洽的交际关系，两全其美的事情，何乐而不为呢？

法国哲学家罗西法古说："如果你要得到仇人，就表现得比你的朋友优越吧；如果你要得到朋友，就要让你的朋友表现得比你优越。"

为什么这句话是事实？因为当我们的朋友表现得比我们优越，他们就有了一种重要人物的感觉，但是当我们表现得比他还优越，他们就会产生一种自卑感，造成羡慕和嫉妒。

苏格拉底也在雅典一再地告诫他的门徒："你只知道一件事，就是你一无所知。"

无论你采取什么方式指出别人的错误：一个蔑视的眼神，一种不满的腔调，一个不耐烦的手势，都有可能带来难堪的后果。你以为他会同意你所指出的吗？绝对不会！因为你否定了他的智慧和判断力，打击了他的荣耀和自尊心，同时还伤害了他的感情。他非但不会改变自己的看法，还要进行反击，这时，你即使搬出所有柏拉图或康德的逻辑也无济于事。

永远不要说这样的话："看着吧！你会知道谁是谁非的。"这等于说："我会使你改变看法，我比你更聪明。"——这实际上是一种挑战，在你还没有开始证明对方的错误之前，他已经准备迎战了。为什么要给自己增加困难呢？

我们对于自己的成就要轻描淡写。我们要谦虚，这样的话，永远会受到欢迎。

要比别人聪明，但不要告诉人家你比他更聪明。

最重要的第一句话

初次见面的第一句话，是留给对方的第一印象。说好说坏，关系重大。说第一句话的原则是：亲热、贴心、消除陌生感。常见的有这么3种方式：

1.攀认式

初次见面，同对方说："你是××大学毕业生，我曾在××进修过两年。说起来，我们还是校友呢！""您是影视界老前辈了，我爱人可是个电影迷。你我真是'近亲'啊！""您来自河北，我出生在河南，两地近在咫尺，今天得遇同乡，令人欣慰。"

2.敬慕式

对初次见面者表示敬重、仰慕，这是热情有礼的表现。用这种方式必须注意：要掌握分寸，恰到好处，不能胡乱吹捧，不说"久闻大名，如雷贯耳"之类的过头话。表示敬慕的内容也应该因时因地而异。

3.问候式

“您好”是向对方问候致意的常用语。如能因对象、时间的不同而使用不同的问候语，效果则更好。对德高望重的长者，宜说“您老人家好”，以示敬意；对年龄跟自己相仿者，称“老×（姓），您好”，显得亲切；对方是医生、教师，说“李医师，您好”“王老师，您好”，有尊重意味。节日期间，说“节日好”“新年好”，给人以祝贺节日之感；早晨说“您早”“早上好”则比“您好”更得体。

用诙谐的话加深恋人间的感情

有一句在校园流传的“课桌文学”诗写道：“忍看朋辈成双对，怒向花丛觅小妞。”不论单身的朋友还是热恋中的男女，都应重视幽默在恋爱中的作用。

那些在女人面前很“吃得开”的男人，不管长相如何，都有一套逗人发笑的本领。只要一与这种人接近，就可以立即感受到一股快乐的气息，使人喜欢与他为友。一个整天板着面孔，不苟言笑的“老古板”，是绝对不会受到女孩子们欢迎的。不少情感心理学研究者认为，男人由于平时比女人话少，所以，男人的语言的分量就更被女人所注意。不少男人也正是利用幽默的手段来填补自己语言的匮乏，所以，他的魅力便永驻于人们对他的幽默的回味之中。

家庭之中夫妻争吵是一种普遍现象，不论是伟人还是普通人莫不如此，怨怒之中如果即兴来一两句幽默，往往会使形势急转而下。人们常说“夫妻没有隔夜的仇”，更多的时候都是这种豁达的幽默消除了隔阂。

男女朝夕相处，天天锅碗瓢盆，始终举案齐眉、相敬如宾反而是一种不正常的现象，有人戏称之为“冷暴力”。小吵小闹有时反而会拉近夫妻间的距离，同时也使内心的不满得以宣泄，如果再加上幽默、机智的调侃，无疑使夫妻双方得到一次心灵的净化，保证了家庭生活的正常运行。

总的来说，在两个人的世界里，幽默可以发挥令人意想不到的效果，它可以增进恋人之间的感情，调节气氛，制造亲切感，它还可以消除疲劳和紧张感，使两个人都能够轻松、快乐地面对生活。

怎样快速让陌生人对你产生好感

在我们的一生中，经常遇到这种情况：必须和一群不认识的人打交道。打破与他们之间的界限，消除无形的隔膜，顺利地把自己的意见和思想传达、灌输给他们，使他们能欣然接受，并赞成拥护，甚至把他们变成自己的朋友，要做到这些绝对需要不凡的智慧。

当今世界人际交往极其频繁，参观访问、调查考察、观光旅游、应酬赴宴、交涉洽商……善于跟素昧平生者打交道，掌握“一见如故”的诀窍，不仅是一件快乐的事，而且对工作和学习大有裨益。那么，如何才能做到“一见如故”呢？

当你有机会预先知道你将遇见一位陌生人，那么你就要预先向你们双方都认识的朋友们，探听一下对方的情形。关于他的职业、兴趣、性格、过去的历史等，你能够知道得越详细越好。不过，在其中的某些方面，你要提防，你的朋友或许对这位你将认识的人有偏见。当你走进那位陌生者的住所时，你要能够善于观察，看看能不能找到一些线索使你对于他了解得更多一点儿。

在主人公的墙上，常常会找到了解对方的线索。要知道那墙上的东西，不同那些笨重的桌椅家具。一般家庭的家具往往不是完全根据主人公的口味购置的，也不是随时可以更换的东西。可是墙上、桌子上、窗台上那些装饰、摆设，却常常展示着主人公喜爱的情调、兴趣的中心。如果你能把这些当作一个线索，不仅可以由此深入主人公心灵的某一方面，同时也可能使你对人生、对世界增加一些见识。

只要你能加以留心，在你所到过的别人的房间里面，无论是新交的，还是旧识的，你都可以发现主人公的精神世界里许多宝贵的东西。

你只要能够欣赏这些宝贵的东西，你不但可以交到无数的亲切知心的好友，在你本来认为平庸无奇的人身上发现许多值得你敬佩的品德，而且也会使你自己的心胸日益开阔，使你自己的人生日益丰富起来。

把拒绝的话说得幽默些

拒绝的话一向不好说，说不好就很容易得罪人。因此拒绝他人时，要讲究策略，最重要的一点就是含蓄委婉。而幽默地拒绝正能巧妙地体现这一点。用幽默的方式拒绝别人，有时可以故作神秘、深沉，然后突然点破，让对方在毫无准备的大笑中失望。

有时候拒绝的话像是胡搅蛮缠，但因为它是用幽默的方式表达出来的，所以也就在起到拒绝目的的同时，让别人很愉快地接受了。

不管对于中国人还是外国人，拒绝别人的话总是不好说出口，但拒绝的话又经常不得不说出口。这时不妨用幽默的方式说出拒绝的话，抹去对方遭到拒绝时的不愉快感。

说话时注意维护朋友的面子

一般来说，人们对于自尊往往存有不容侵犯的保护意识，因此，一旦个人的自尊遭受侵犯或攻击时，即使对方过后表示歉意，恐怕也已无法弥补双方已损伤的关系。

相反的，如果你能顾及对方的自尊，处处为对方的自尊着想，那么，对方必然会因此对你表示友好与感谢。

自尊之心，人皆有之。人们一旦投入社交，无论他的地位、职务多高，成就多大，无不关心外界对自己的评价。

由于来自外界评价的性质、强度和方式不同，人们会相应地做出不同反应，并对交际过程及其结果产生积极或消极的影响。

通常的规律是：尊之则悦，不尊则哀。换言之，当得到肯定的评价时，人们的自尊心理得到满足，便会产生一种成功的情绪体验，表现出欢愉乐观和兴奋激动的心情，进而“投桃报李”，对满足自己自尊欲望的人产生好感和亲近力，采取积极的合作态度，交际必然向成功的方向发展。反之，当人们不受尊重，受到不公正的评价时，便会产生失落感、不满和愤怒情绪，进而出现对抗姿态，使交际陷入危机。

学会维护他人的自尊心，你会得到越来越多的新朋友，老朋友对你的感情也会越来越深。这样你的友情网络会更加牢固。

chapter 2 第二章

找到共鸣点，交谈才会更有趣

谈论别人感兴趣的事情

“酒逢知己千杯少”，两个意气相投的人在一起总觉得有说不完的话。因此，我们在和陌生人交往时，不妨多多寻求彼此在兴趣、性格、阅历等方面的共同之处，使双方在越谈越投机的过程中获得更多关于对方的信息，迅速拉近距离，增进感情。

美国耶鲁大学的威廉·费尔浦斯教授，是个著名的散文家。他在散文《人类的天性》中写道：

“在我8岁的时候，有一次到莉比姑妈家度周末。傍晚时分，有个中年人慕名来访，但姑妈好像对他很冷淡。他跟姑妈寒暄了一阵之后，便把注意力转向了我。那时，我正在玩模型船，而且玩得很专注。他看出我对船只很感兴趣，便滔滔不绝讲了许多有关船只的事，而且讲得十分生动有趣。等他离开之后，我仍意犹未尽，一直向姑妈提起他。姑妈告诉我，他是一位律师，根本不可能对船只感兴趣。‘但是，他为什么一直跟我谈船只的事呢？’我问道。

“因为他是个有风度的绅士。他看你对船只感兴趣，为了让你高兴并赢取你的好感，他当然要这么说了。”

谈论别人感兴趣的东西能够很容易拉近人与人之间的距离。

谈论别人感兴趣的话题，对双方都有好处。不仅可以使人对你产生兴趣，钦佩你，而且可以使自己更关心别人，关心别人对自己的要求。

模仿对方的动作，能够拉近心理距离

现在需要你闭上眼睛细想一下，在言情片中经常会出现的约会场面：一对甜蜜的恋人坐在茶馆或者咖啡厅里面，悠闲自在地品尝着香茶或咖啡。他们的表情动作会有什么特别之处吗？

他们是不是时不时地做着同一种表情或同一个动作，就像是镜外的人和镜里的影一样？一方用手摸摸头发，另一方也用手摸摸头发；一方跷起二郎腿，另一方也跟着跷腿；一方捂着嘴笑起来，另一方也跟着捂着嘴笑；一方举起了杯子，另一方也随之举杯……

想到或者看到这样一幅画面，你有什么感觉或想法？是不是感觉很温馨、很浪漫，感觉这两个人关系非常亲密、相互爱慕、心心相通？相信很多人都会有这种感觉。这是为什么呢？其实，这是因为他俩的步调是如此的一致，从读心的角度来讲，这种感觉是有道理的。

想想会议中人们的表情，对某种意见持赞成态度的人和持反对态度的人，是不是往往各自做出相反的动作？赞成的那部分人面带微笑，不断地点头示意；反对的那部分人紧锁着眉头，紧闭着嘴唇……

再想想生活中常会遇到的情景，去商场购物或去某展览会参观，你看上了一件物品，另一个人也看上了这件物品，你俩一同走近这件物品，一边看一边发出啧啧的赞叹声，“真漂亮”，就几秒钟，你们便互生好感，颇有点儿英雄所见略同的感觉。

在日常生活中，通过人为地制造“同步行为”，可以拉近彼此的心理距离，赢得对方的好感，让双方的交谈在不经意间变得和谐愉快。

对于有利益往来的双方，“同步行动”的魅力也丝毫不减。在推销或谈判过程中，如果你的请求或劝说得不到回应，不妨故意制造一些“同步行为”，快速攻破对方的心理防线。比如，对方翻阅文件，你也翻阅文件；对方脱下外套，你也脱下外套；对方将视线投向窗外，你也掉头欣赏窗外景色。如此反复几次，自然会引发对方的好感，缓和矛盾，使对方乐于接受你的意见，满足你的请求。不过，在效仿对方的举止时，要注意不露痕迹，否则，让人误认为你是在故意取笑他或讨好他，反而坏事。

用话题展开交谈的瓶颈

俗话说“巧妇难为无米之炊”，没有话题，一场谈话就没有焦点。光是空发话，没有实际意思，那陌生人终究还是陌生人，陌生的局面终究化不开。

和陌生人说话最苦于找不到话题，怎样巧找话题呢？那就要从具体情况出发去考虑，如果彼此完全陌生尚未相识，那就要察言观色，以话试探，寻求共同点，抓住了共同点就是抓住了可谈的话题。如果是因为话不投机，出现难题，那就要求同存异，或是检讨自己的不妥之处，表示歉意，如果对方有什么顾虑，或是沉默的原因不明，那就没话找话，随便找个话题，引起对方的兴趣，说个笑话，谈点儿趣闻都可以活跃气氛。

有的时候如果是预约式的拜访某陌生人，那你最好具备一些洞察力。你首先应当对那位你即将拜会的客人做些了解。例如，问一些你们双方都认识的朋友的情况，探听一下对方的情况，关于他的职业、兴趣、性格等方面，了解得越详细越好。

当你走进陌生人的住所时，可以凭借你的观察力，看看能否找到一些对方性格的线索。墙上挂的是哪位画家的画？如果是摄影作品，可以揣测对方是否是摄影爱好者呢？

要知道，屋内的装饰摆设，可以表现主人的喜好和情调，甚至有些物品会牵引出某段动人的故事。如果你把它当作一个线索，不是可以了解主人心灵的某个侧面吗？了解了对方的一些个性，不就有话题了吗？

交谈前，使用多种手段，尽可能地多了解对方，再把所获的种种细微信息进行分析研究，由小见大，由微见著，将它作为交谈的基础。

说话不要踩上“雷区”

“雷区”也就是一个忌讳，说话时千万不可以踩上“雷区”。因为你一旦踩上“雷区”，极易造成交际的失败，往往也会浪费你的一片苦心，从而引起别人强烈的反感。因此，了解他人的“雷区”是在人际交往中左右逢源、游刃有余的不可忽视的环节。

“雷区”主要有生理和心理两种。

1.生理“雷区”

一些有生理缺陷的人都会对他们的生理缺陷非常敏感。因此在与这类人交往时，要特别谨慎。不要对秃顶的领导说：“你真是聪明绝顶。”也不要对双臂残疾的领导说他“两袖清风”。也尽量不要当着腿残废的人赞美别人说“我佩服得五体投地”之类的话。这样会使他们的心里留下阴影，甚至会使有生理缺陷的人误以为你有意嘲笑他。但一般说来，生理缺陷比较容易发现，只要稍加留意便可避免。

2.心理“雷区”

心理“雷区”往往是由于某些人因为一些特殊的经历所形成的，那些不愉快的记忆隐藏在人们的心中，无形中会形成一种忌讳。

心理上的雷区并不仅仅体现在个人的经历与隐私上，还表现在意识形态以及生活习惯上。比如对方若是信奉佛教，你就不可大谈对各种肉类的口感及味道，或是狩猎等与杀生有关的话题。信奉佛教的人往往清心寡欲，慈悲为怀。谈这些话题往往会引起对方的反感。每个宗教都有本身的禁忌的事物，最好能有所了解，以避免在谈话中导致冲突，以致尴尬无法收场。

当然，我们不可能尽善尽美地做到与任何人融洽地交谈，有些冲突也在所难免。但在说话之前，应尽可能了解对方的情况，对对方的好恶应有所了解。并且在谈话中，应保留一些敏感话题，以免出现意外情况，犯着对方忌讳，让自己吃不了兜着走。

慎谈他人忌讳的话题，否则会导致交际的失败

常言道，当着矬子，不说矮话。朋友中有一个“秃”顶，就不能对着人家说什么“秃头”或“光头”；如果家里来了个客人，体形又矮又胖，就不能说“矮子”“胖子”，否则会挫伤人家的自尊心。言谈中，淫词秽语、不健康的口头禅更应禁忌。见到青年女子，一般不应问对方年龄、婚否。径直询问别人的履历、工资收入、家庭财产等私生活方面的问题，易使人反感。切莫对心情惆怅的人说得意话、得意事。

若对方曾犯过错误或有某种缺陷，言谈时要避免使用刺激性的话语。对别人不愿回答的问题不要追问，不要刨根问底。如果一旦触及，应立即表示歉意，巧妙地转移话题。

人都是有自尊心的，都希望得到别人的尊重，谁都不愿意人家触及自己的憾事、缺点、隐私和使自己感到难堪的事，这也是一般人所共有的心理。因此，在现实的交际生活中，一定要注意尊重别人，交谈时千万不要涉及别人所忌讳的问题，不然就会使人际关系恶化，导致交际的失误。

生活是复杂的，由于种种原因，有时说话还非要涉及别人忌讳的话题不可。在这种情况下，就要讲究语言技巧了。要尽量把话说得委婉、含蓄些，在遣词造句时，要避免那些带有直接刺激感官的字眼，这样就有可能取得比较好的效果。

投其所好，与上司成为“同道中人”

心理学家证明，人倾向于接近“与之相似”的人。这里的“相似”包括相同的性格、兴趣爱好、思维方式等等。也可以归结为“同道中人会惺惺相惜”。所以，如果你和上司成为同道中人，他自然会对你青睐有加。余则成即是这么做的。相反，李涯却没有摸清站长的喜好。其实余则成的这个劲敌身上的确有可取之处。天津站里，只有他是最考虑“党国利益”的人。为工作废寝忘食、鞠躬尽瘁。只可惜他上司的视线在别处，完全忽略了他对党国的忠诚。

引申到现代职场上，我们就需要弄清楚上司的喜好、脾性，做到投其所好。

我们谁也不能保证自己足够“幸运”，刚好与老板持有相同的观念、看法。而这个时候，与其与他争辩不休，倒不如将你的意见暂时收敛一下，以迎合他的口味。当然这个迎合应该有明确的目的。

另外，对职场上的人来说，必须认清老板是你升职路上的主导者。职场上有一条金科玉律：给你发薪水的那个人永远是正确的。人世间没有无缘无故的爱，也没有无缘无故的恨。老板也不会平白无故地给你升职。

乡音难改，游子情深

人都是有感情的，尤其是对故乡有着一种天然的割舍不断的情愫。如果游子在他乡遇到了自己的老乡，那么思乡之情就会油然而生，随之而来的就是对老乡的一种认同感。

老乡与其他关系的不同之处就在于，老乡之间的关系是以地域为纽带的，有一份“圈子”内的情存在心上，既然是老乡，就必须有共同点存在于双方之间，而“乡音”又是一种最好的表达形式。

用家乡话做见面礼，可以说是独树一帜，它不需要物质上的东西。在这里有一点相当重要，那就是运用这种方法的场合，最好是在异乡，因为在异乡才会有恋乡情结，才会“爱乡及人”，这时再来个“他乡遇老乡”，哪有不欣喜之理。对方离乡愈久，离乡愈远，心中的那份情就愈沉、愈深。因此，越是这种情况，越要运用“乡音”这种技巧，你就会得到老乡所给你的种种好处。

如此看来，要与一个久离家乡的老乡处好关系，有一种特有效的技巧就是：运用你的语言技巧，与老乡谈起家乡的话题，以此来触动他的思乡情结，达到共鸣，从而使老乡之间的关系更进一层。

chapter 3 第三章

千方百计让自己变得有趣

精彩地说出自己的名字

在向陌生人作自我介绍时，首先就是自报姓名，但许多人因为羞怯或者其他原因在这方面做得不太好，在介绍时只是简单地报出自己的姓名："我叫××。"自以为介绍已经完成，然而这样的介绍肯定算不上有技巧，也许只过了三五分钟，别人已经把你的姓名忘得一干二净，这样也就无法给别人留下深刻的印象。

中国人对于取名非常重视，有的名字赋予时代特色、有的名字寄寓双亲对子女的殷切厚望，有的名字包含了父母双方的姓或名。总之，每个人的名字总是包含着一定的含义，在这上面做文章，就可以加以灵活地运用。

来点儿幽默，对方更乐意向你靠近

在与陌生人相处时，幽默的言语能够巧妙地化解尴尬，让别人开心一笑，就自然而然地拉近了彼此的距离。为了丰富学生的课余生活，某大学专门邀请一位著名教授举办了一个讲座，但由于临时改变地点，时间仓促，又来不及通知，结果到场的人很少。教授到了会场才发现只有十几个人参加。

教授有点儿尴尬，但不讲又不行，于是随机应变，说："会议的成功不在人多人少，今天到会的都是精英，我因此更要把课讲好。"这句话把大家逗得开怀大笑。这一笑，活跃了气氛，再加上教授讲课充满激情，使得那一次讲座非常成功。当然，在幽默的同时还应注意，重大的原则总是不能马虎，不同问题要不同对待，在处理问题时要极具灵活性，做到幽默而不落俗套，不失体面地博得他人一笑，这样才能有效拉近与他人的关系。

陌生的人会对自信的人产生好感

"有自信的人最美"是因为那种自信的容貌，会让人觉得充满希望，让人觉得活力十足、魅力万分。读懂了这一点，就需要努力培养自信心。

在人际关系上，不论在什么场合，初次见面时太过于热衷地争取某种事情，只会让人以为你是一个惯于使用手段的人，还是一个自以为聪明的人。其结果大都是聪明反被聪明误。

人们对于使用手段的人往往心存一道防线，并且本能地降低对对方的人格评价，怀疑他为人的诚实性，认为他心怀叵测，别有企图。

这种急于成功的人，其实还是对自己没有信心。他们害怕得不到别人的友情、喜欢、支持，害怕得不到自己所期望的东西。他们不敢告诉自己："对方是喜欢我的，支持我的。"甚至会不安地怀疑自己："对方是否讨厌我？"他们的这种想法通过急于求成的方式传染给对方，却无意中流露出了自己没有信心的一面，对此，有心人是一目了然的。

因此，任何时候都要相信自己，按照你的想法去开始吧！做事可以胆小，而做人只要你堂堂正正，就可以放开勇气面对，这是一种心态，这种心态决定了你的命运。大多数人往往会在一分钟内就对所遇的人迅速地作一个判断。你的命运也许在15秒钟内就被决定了。

在交往应酬中如果你缺乏信心，不妨也穿戴上最华贵的"服饰"，找出足以荣耀自我的优点，那么你将不会因感到低人一等而自卑了。所以，尽量找到自己的长处，即使是自认为不值一提的特长，利用自我扩大法，扩大成足以自豪的优点，借以缩短与对方的心理距离，这样就会增加自己的自信心。

让谈话在意味深长中结尾

我们在与陌生人交谈结束时，运用"再会"之类的告别语显得千篇一律，太俗太空。这样一来，努力设计能给对方留下深刻印象的告别语就显得很有必要。

一般来说，通常有以下几种收尾方法：

1.关照式收尾

这种收尾方式，有一种提起注意、防患于未然和强调重点的作用，能使交谈的对方增进了解并增强"使命感""责任感"。

2.祝愿式收尾

祝愿式收尾，不仅具有较强的礼节性和情趣性，而且还具有极大的鼓动力。如果再加上适当的口语修辞，它的效果一定会非常显著。

3.道谢式收尾

这种收尾方式在交谈艺术中具有较强的礼节性，它的基本特征是用讲“客气话”作为交谈的结束语和告别话。道谢适用的场景和对象是最广泛的，无论是上下级、同事、亲朋之间，还是熟人、邻舍以及初交者之间都是适宜的。

4.征询式收尾

交谈完毕，主谈者根据自己的交谈目的与交谈后的吻合情况向对方征求意见、说明、要求或建设性的忠告、劝诫等，这就是征询式收尾。

5.归纳式收尾

这种收尾方式，通常在陌生人之间非形式性交谈中使用。

归纳式收尾，由于条理清晰，中心突出，重点再现，这样对方交谈的目的和内容，双方的思想和意见就能清楚交流，收到言简意赅、重点突出、明朗爽快的效果。

与陌生人交谈的结束语的表达方法多种多样，只要我们能够驾驭情境，正确审视对象，选择正确、得体的话语，交谈结束时，不仅会让谈话显得非常得体、有趣，而且还会余韵犹存，感人至深。

谈话中避开自己

求人办事时，只有让对方感到高兴才能让其爽快答应，把事情办成。那么，让其高兴的方法之一就是多谈论他，而少谈论自己。

人们最感兴趣的就是谈论自己的事情，对于那些与自己毫无相关的事情，多数人会觉得索然无味。对你来说是最有趣的事情，常常不仅很难引起别人的共鸣，甚至还会让人觉得可笑。

竭力忘记你自己，不要老是谈你个人的事情，你的孩子、你的生活，以及你的其他的事情。人们最喜欢谈论的都是自己最熟知的事情，那么，在交际上你就可以明白别人的弱点，而尽量去逗引别人说他自己的事情，这是使对方高兴的最好方法。你以充满了同情和热诚的心去听他叙述，一定会给对方留下最佳的印象，并且他会热情欢迎你，热情接待你。

在谈论自己的事情时，和人较真或争辩等，都是不明智的表现，不利于达到求人办事的目的。但还有一样最不好的，就是在别人面前张扬自己，在一切不利于自己的行为中，再也没有比张扬自己更愚笨了。

一句自我夸奖的话，是一粒不成熟的种子，它是由你的口里播种在别人的心里，从而滋长出憎恶的芽。

爱自我夸大的人，是找不到好朋友的，因为他自视甚高，鄙视一切，不大理会别人的意见，只会自己吹牛。他一心只想找那些奉承和听从他的朋友。他常自以为是最有本领的人，如果他做生意，他觉得没有人比得上他；如果他是艺术家，他就觉得自己是一代大师；要是他在政治舞台上活动，他会觉得只有他自己是救世主。面子是别人给的，脸是自己丢的。你自己若是具有真实本领，那些赞美的话应该出自别人的口，自吹自擂，其结果是自己丢脸面。

凡是有修养的人，必定不会随便说及自己，更不会夸张自己，他自己很明白，个人的事业行为在旁人看来是清清楚楚的，没必要自己去说，人们自会清楚。

请你不必自吹自擂，与其自己夸张，不如表示谦逊，也许你以为自己伟大，但别人不一定会同意你的看法。好夸大自己事业的重要性，间接为自己吹擂，纵使你平日备受崇敬，别人听了这些话也觉得不高兴。世间没有一件足以向人夸耀的事情，自己不吹擂时，别人还会来称颂，自己说了，人家反而瞧不起了。

千万不要故意地与人为难，有的人专门喜欢表示自己与别人意见不同。如果你说这是黑的，他就硬说这是白的，如果下一次你说这是白的，他就反过来说这是黑的。这种处处故意表示自己与别人看法不同的人，和处处随声附和的人，一样都是不老实的，会被人看不起，甚至被人们所憎恶，是不忠实的朋友，试想一下，谁会为这样的人办事呢？

开玩笑要适度得体

在生活中，适度、得体地开个玩笑，可以使周围的人松弛自在，并能营造出适于交际的轻松活跃的气氛，这也是具有幽默感的人更受欢迎的原因。如果玩笑无度，不但收不到好的效果，更会造成严重的后果。

也有极少数人利用幽默的形式专讲刻薄话，既伤人又伤己，他们专门去打击别人的自尊心，毫不在乎地讲出对方所“耿耿于怀”的话。

这个世上本来就有很多不幸的人，一生下来之后，即背负了身体上不利的条件。而更值得同情的是，他们之所以会变成这样，并非自己心甘情愿的。因而，凡是有怜悯之心的人，都不应该以他们身体上的缺陷为话题。事实上，这也是与人交往时，必须注意的一种礼节！

然而，还有人毫不介意地使用那种伤人的言词。当着别人面说那种伤人感情的话，这是非常不人道的。

让幽默增添自身的魅力

所有的人都会年华已逝，红颜不再。但岁月只能风干肌肤，而睿智和幽默的魅力却不会减去分毫。

幽默的魅力，仿若空谷幽兰，你看不到它盛开的样子，却能闻到它清新淡雅的香味；幽默的魅力，又如美人垂帘，人不能目睹美人之芳华，却能听到美人的声音，间或环佩叮咚，更引人无限遐思……

幽默是一种心境、一种状态、一种与万物和谐的“道”。

幽默的语言来自纯洁、真诚和宽容如大海般的心灵，是生命之中的波光艳影，是人生智慧之源上绽放的最美丽的花朵，是人们能够从你那里享受到的心灵阳光。幽默之魅力，如英国谚语所云："送人玫瑰之手，历久犹有余香。"

生活中不妨多点儿幽默来做"调节剂"

为了应付人生大大小小的挑战，你需要力量——不论你是为人父母或是为人子女，是教师或是学生，是售货员或是消费者，是老板或是职员，是上司或是下属，幽默都能赋予你战胜困难的力量。

幽默的力量体现在沟通上，就像我们打开电灯开关，电流便沿着电线输送到机器上一样，只要按下幽默的按钮，也能促使一股特别的力量源源而来。我们可以把这股幽默的力量导向他人，并与他人直接沟通。

把"因幽默的力量而享受趣味"加在你的日程表上，学会去生活得更快乐，以轻松的心情面对自己，而以严肃的态度面对人生，掌握你自己的幽默力量。

1.幽默是烦恼生活的开心剂

生活绝非全是幸福，与幸福相对的就是烦恼，这是一对孪生的兄弟，谁也离不开谁。一般的家庭，遇上烦恼的事情，往往是一方发火，甚至双方发火，发展到大吵一场，从而带来更大的烦恼和不快。幸福的家庭同样也有烦恼，只不过解决的方法不同，他们在理性解决烦恼的同时，往往还运用幽默的手段，化烦恼为欢笑。

2.幽默又是趣味生活的添加剂

生活需要趣味，而且是各种各样的趣味，于是世界便有了层出不穷的志趣、理趣、情趣、谐趣、童趣、野趣、真趣、闲趣、文人雅士之趣、市井小民之趣、渔夫樵子之趣、灯红酒绿之趣、田园牧歌之趣，还有猫之趣、狗之趣、花鸟鱼虫之趣如果再加上幽默，我们不妨称它为“幽默趣”。

幽默是趣味生活的添加剂，因为生活中存在着幽默，关键是你能不能发现它，并且用幽默的语言来解释它，那样你的生活就会更加充满乐趣。

幽默是艰苦生活的调味剂。生活有时是相当艰苦的，有幽默感的人善于苦中作乐，用幽默作为艰苦生活的调味剂，鼓励自已克服困难，渡过难关。

3.幽默还是天伦生活的合成剂

为了延续后代的需要，人类有繁衍后代的本能，所谓“不孝有三，无后为大”是也。儿孙绕膝、其乐融融——天伦之乐也！所以，没有子女要烦恼，有了子女也要烦恼，不过在后一种烦恼中，蕴含着天伦之乐罢了。

生活有时会像一个喜剧小品，充满了幽默感；聊天，有时也会像一段相声，使人觉得妙趣横生……处在那样一种心境，你会感到：生活，是多么美好！

chapter 4 第四章

学会从他人的角度出发

配合对方的精神状态，沟通效率倍增

要想建立与对方的亲善关系，配合对方的精神状态也是很重要的。要做到这一点，你必须能够注意到那个人的情绪状态和精力值。

在我们周围，有这样一类人，他们在午饭之前情绪都会有点儿低。他们早上到办公室和同事打过招呼后，就会一直坐在椅子上，浑身散发着“不要打扰我”的气息。直到午饭时间，他们才会真正地睁开眼睛，情绪也才会好转。这并不是表示他们的工作状态不太好，而是说他们需要更长的时间才会展开社交活动。一般人的情绪状态都会处于不断的变化之中，但这类人就像慵懒的猫一样，情绪只会处于一种慵懒状态中，而且很少会表现出快节奏的肢体语言。

也许你正精力充沛、兴致勃勃，但是你的工作计划需要得到一个昏昏欲睡、性格内向的同事的支持与合作，这时候，你最好稍稍放慢脚步，不能一开始就试着让你们两个人都充满热情。如果你大叫一声，重重地拍一下同事的后背，把他吓得够呛，而且害得他把咖啡都洒了出来，那么你肯定会在要求与他合作时遭到拒绝。相反，如果你是那种行动迟缓、处处谨小慎微的人，而你恰好又需要与那些精力充沛、行动果断的人合作，那么你就必须想办法点燃自己的激情，否则很可能激怒你的合作者。

你要记住，有时候你被对方拒绝，并不是因为你的创意不够好，而是因为你的情绪状态和精力值与对方不匹配。所以，如果知道对方在午饭过后更容易接受意见时，就要把会谈约在午饭后，尽量调整自己，使自己配合对方的感受，这样沟通的效率也会大大提高。

换位思考，在人际交往中出奇效

换位办事、换位思考，就是我们所说的将心比心。

所谓换位思考，就是要把自己设想成别人，站在别人的角度考虑问题。很多时候甚至需要暂时抛开自己的切身利益，去满足别人的利益。其实，利益在很多时候是互相关联的。你能考虑别人的利益，别人也会考虑你的利益。在人际交往中，我们要学会“将心比心”。

一个人只有具备习惯于换位思考的素质，具有过人的理解力，才能去理解平时所无法理解的东西，而对方也能感觉到自己被尊重了。这样，人家才愿意与你交流、沟通。

在人际交往时，人们不仅习惯于从自己的特定角色出发来看待自己和他人的态度与行为，而且还习惯于自我中心式的思维方式，从而引发出一连串的冲突和矛盾。如果大家都能从对方的角度去思考一下，都能将心比心地换位感受一番，那么，许多冲突、矛盾就可以迎刃而解，这就是换位思考的积极作用。

换位思考不但需要转换思维模式，还需要一点儿好奇心来探求他人的内心世界。

真正的换位思考必然是一个“移情”的过程，要从内心深处站到他人的立场上去，要像感受自己一样去感受他人。但不幸的是，许多人的换位思考缺少了“移情”这一根本要素。他们或是站在自己的位置上去“猜想”别人的想法和感受，或是站在“一般人”的立场上去想别人“应该”有什么想法和感受，或是想当然地假设一种别人所谓的感受。这样的换位思考，其实仍局限于自己设定的小圈圈之中，绝对无法体验他人真正的感受和思想。只有真正地“移情”，设身处地地为他人着想，换位思考才能起到积极的作用。

模拟对方的表达方式，用语言提升亲密度

不知道在生活中你有没有遇到过这样的情况：当你挂断电话时，和你待在一起的人不用你说就会知道你刚才和谁通话了。他们是如何知道的呢？正是从你的说话的方式中听出来的。因为在你和电话那头的人通话时，你不自觉地调整了自己的表达方式，使自己听起来更像是电话那头的人。而你之所以会这么做，是因为这样更容易提升彼此的亲密度。

1.个人表达

我们每个人都有各自的表达方式。我们常常喜欢在句子中添加一些多余的、不必要的词汇，尤其是在句子结尾的时候，或者在句子一开始就使用一个从句。如果你听到对方使用这样的表达方式，那你就和他做一样的吧！

2.口头禅

几乎每个人都有自己的口头禅，而这些口头禅可能是俚语、行话或者其他什么。通常，这些词句是我们从别人那里学来并频繁用的，而我们很少意识到自己正频繁地使用这些词句。所以，和某人建立亲善关系的一条捷径就是注意观察他使用的口头禅，即他讲话时经常使用的词句，然后你自己跟着他说一样的。一旦你开始讲对方的语言，向对方展示你和他类似，你所讲的话就会很容易被对方清楚领会。

3.行话

一般在谈某些特定的主题时，行话使用率比较频繁。比如，当你谈论打高尔夫球时，有关高尔夫球的一些术语就可能被用到。使用行话，就等于向对方表示你对话题的了解程度和他一样。如果对方使用的术语比你通常使用的多，而你也有足够的知识来应付这些，那就尽管使用和对方一样多的术语。反过来，如果对方使用的术语比你通常使用的少，那你也应该克制自己，不要使用多于对方的术语。比如，如果对方指着电脑屏幕说电脑“坏”了，你就没有必要去问他的电脑硬盘分了几个区，而只需简单地问一下他是否按了显示器关闭键。

我们需要被接受和尊重，我们需要良好的亲善关系，尝试着模拟对方的表达方式，你会发现获得这些也并不是特别难的事。

适当重复对方的话，以获得好感

很多人都有这样的错误认识，总是重复对方的话好像显得自己比较啰唆，容易引发他人的不满，其实实际情况并非如此。的确，过多的重复容易给人造成一种错觉，然而要是重复得恰到好处，适当地重复对方说话的重点，那么对方便认为你很重视这次谈话，能够抓住谈话的重点，那样，效果就不一样了。

在恰当的时候重复对方说话的重点，这是一种加深他人对我们印象的一种最简单有效的方法。这是因为，大部分的人对自己的语言都有一种特殊的感情，尤其是在某些情况下经过深思熟虑之后的发言。这类发言对于自我满足感来说相当重要，这个时候一旦我们对他人的话不以为意或者不加重视，那么很难让他人对我们有什么深刻的好印象，相反还会把我们纳入一种不能“志同道合”的陌生人的范畴，那样我们就无法和这样的人接触、获得他的好感了。但如果你重复了对方的说话重点，那结果就完全不一样了。

其实，在与人交谈的过程中，我们只要以同样的心情了解对方的烦恼与要求，满足一下他们内心的满足感或者虚荣心，很容易收到相反的效果的。

因此，当我们与他人交谈时，听取了他人的某种意见后，一面要点头表示自己同意，一面要适当重复对方的话，这样就能让对方感觉受到了重视，从而拉近你们的距离，不由自主地将心里话说给你，将你当作好朋友来接待。

营造让对方吐露真心的氛围

在大部分的情况下，我们都能尽量选择对话的环境，营造和谐的谈话氛围。比如，你绝不会选择在吃午餐的时刻问别人怎样治疗痔疮效果好，也不会在电影开场后的安静环境里大声谈论对方的私事。如何营造让对方吐露真心的氛围？以下方法可供参考：

1.环境：谁的地盘谁做主

一般情况下，人们在自己的地盘是最为自在和放松的，如果你想让他对你开诚布公，就在他自己的地盘或是他选择的地方吧！在那里，他有一种自己做主、控制谈话内容的感觉。这将使他十分惬意和放松，他也可以将话题发挥得淋漓尽致。反之，如果你让他来你的地盘，例如，你的办公室。他往往会保持警戒，不会对你透露太多，在你的地盘上解读他是很难的。

2.旁观者：请他赶快离开

这有点儿像表演开始时清空舞台的感觉，不相关的人，还是请他赶快离开吧！试想一下，如果你问谈话对象一个私人问题，有很多旁观者在场，他会将心里真实的想法吐露出来吗？他往往会采取自夸、敌对态度或表现出自我防卫的姿态。有时候，他甚至会以沉默来对抗你的问题。所以，明智的话赶快清场！

3.障碍物：一脚踢碎它

你和谈话对象之间的任何物品都可能影响你们的交流，所以很多人在谈话的过程中，选择从桌子后面走出来，坐在交流对象的旁边。谈话的障碍物有很多，它有可能是一个过高的花瓶、多余的水杯或是任何干扰你和对方视线交流的物品。如果你戴着帽子或是太阳镜，也要摘下来。

4.分心的事物：暂时隔离

一般来说，当一场对话谈到情绪高昂的时候，我们最不想的，就是被电话或其他事物干扰。这些让人分心的事物，包括：电话、电视、收音机、呼叫器，等等。

所以你需要关掉电话，关好房门，当你消除分心的事物时，你已经为坦诚、完美的对话准备了良好的氛围了。

面对不同的人用不同的交谈方式

不同的人所关注和喜欢的东西也会不同，面对不同的人，我们要学会说不同的话。只有投其所好，交谈才能引起对方的兴趣，谈话才能持续下去。

与人交谈时，如果想要达到“交谈甚欢”的境界，最常见的方法就是“投其所好”。要知道，如果你能投其所好，说的话就能深入人心。如果反其所好，只会招来对方的厌恶，甚至还会给自己带来麻烦。

每个人都有可能是他兴趣所在领域的专家，激发对方的兴趣，你不仅会获得新知，有时加以利用，还能够逢凶化吉。

与对方能够畅谈的原则，就是能够顺着对方的喜好，投其所好地交谈。心理学家告诉我们，对于不同类型的人要用不同的交谈方式。

1.人际关系型

如果对方时常提到自己和某个人的关系，或是某个人和另一个人的关系，就代表他对人际关系很有兴趣。如果你让他知道你也懂得人际关系学，那么，他就会很喜欢和你谈下去。

2.逻辑思维型

如果这个人说话有条理、很利索，而且用词精确，这种人通常喜欢有逻辑性地去思考，谈话滴水不漏。因此在对话时，你不能只是说出自己的感觉，尽量调动自己的“分析”因子，去分析事物背后的道理。

3.情感丰富型

当你讨论到对于某个人或某件事情的想法，如果对方说出“这个人好可怜……”之类的话，代表他情感丰富，凡事凭感觉，而且好恶分明。面对这种人，不要谈理论、讲求逻辑分析，他对此可能一点儿兴趣也没有。

4.艺术欣赏型

这种人喜欢谈论美术或音乐等话题，你可以和对方讨论最近最热门的商品设计或是音乐表演等，请教对方的意见，不仅让对方有一个表现的机会，你也能从中学到一些知识。

看到对方的需要，了解对方的观点

换位思考要求我们从说话者的角度来看待问题：“说话者所要

表达的观点是什么？他需要的是什么？他想要解决什么问题？”

如果用更准确的话语来总结，那就是：充满快乐的那个房间的人都看到了对方的需要，并且满足了对方，与此同时，自己的需要也得到了满足。这看似浅显的道理理解起来不难，但做起来却并不容易。

要满足别人的需要，我们首先要去了解他的需要。精神分析心理学派鼻祖弗洛伊德说：“别人之所以那么做，一定有他的一个原因。试着找出那个隐藏的原因，你就等于拥有了解释他的行为、了解他个性的钥匙。”观察、倾听、思考是了解他人需要与观点的好办法。

很多时候，了解他人的需要与观点是建立在仔细聆听的基础上的。这不但要求专注，还要求移情，即把自己置身于说话者的位置上，把自己想象成对方。这需要你暂停自己的想法和感觉，努力去理解说话者想要表达的含义，从说话者的角度调整自己的所观所感，这样可以保证你对所听到的信息的理解符合说话者的本意。

先为对方着想

与对方沟通交流时，最重要的就是能够以真情感动对方。说话的时候先为对方着想，无疑是很好的办法。

因为一般情况下，自己对某一件事所认为的“对”或“好”并不能代表别人的看法。在沟通时最好先得知对方的看法。看别人怎么理解情势，你就能以对方了解的方式讲话和行事。若你径自表现出“好”或“对”，而不去弄清楚对方是否有相同的看法，你可能会惊讶于对方的反应。

所以在谈话之前你所要做的就是尽你所能了解别人的背景、观点和热诚程度，你因而可以知道：

什么使他们兴奋，什么使他们厌烦，什么使他们害怕。

他们上班时是什么人，他们下班时是什么人。

他们生活中真正需要什么，他们怎么能获得。

你可以从别人的判断知道很多他们的事。

研究他们从前的决定。

知道这些问题的答案，不仅可以避免你犯难堪的错误，还可以让你设计你的表达方式，因而你的意见可以跟他的需要和要求结合，这样就会使你们的沟通更加融洽。

大部分人对自己的兴趣大过对别人的兴趣，对自己的需要，热衷程度远强于对别人的需要。但是如果你先提对方最有兴趣的、他们需要的事情，就能掌握他们的注意力，建立联结，且赢得他们的信任和尊敬。

另一方面，若你先提自己的需要，人们常不愿聆听、保护自己或使冲突升级。他们可能以愤怒的眼神和僵硬的表情回敬你，怀疑你不考虑他们的需要，你的话一句也不听。这种恐惧和不信任，很容易就爆发公开的敌对。

此外，人通常在冲突开始时会焦虑。任何能缓和他们恐惧的方法，都会使情形变得较轻松和对每个人有利。在这种时候，如果你先为对方着想，提出他人的需要就是一种很好的解决途径。

在一些重大事情中，先提对方的需要，也会使你们成为合作伙伴。你们合作，联合对抗问题，而不是互相对抗。

所以，在与对方交往沟通时，如果想取得较为满意的结果，你就必须先为对方着想，满足对方所需。

准确把握对方的观点，才能驾驭全局

人们常说，“有一百个读者就有一百个哈姆雷特”，看莎士比亚的《王子复仇记》，人们对主人公哈姆雷特的感觉迥然不同，一百个读者将可能幻化出一百个各自不同的王子形象。同样的道理，同样一个说话，不同的听者对他观点的理解也会有所偏差。这是因为人们之间存在各种沟通位差，对同一件事也会有不尽相同的理解。

但是这种对言语理解上的差异常常被忽略，人们总以为自己说出的话，听者没有异议，就等于听懂，这其实是主观感觉，也是过高的期望值。实际上“对牛弹琴”“曲高和寡”，或“言者无心，听者有意”等现象，在沟通中普遍存在。于是，因为不能准确地把握别人的观点，沟通的失败也就在所难免。

因此，如果我们能准确地把握对方的观点，得知对方的想法，那么沟通将会取得最大程度上的成功。这就需要提到沟通中的“古德定律”。古德定律是美国心理学家P.F. 古德提出的。他认为，人际关系交往的成功，靠的是准确地把握他人的观点。即有的放矢，方能无往不胜。如果我们不知道别人想什么，那么，无论你做什么说什么也不过是徒劳。

古德定律强调了人际交往中要会“换位思考”，也就是学会“善解人意”。比如，在一个家庭中，如果有一个善解人意的妻子能体谅、体贴丈夫。这个家庭一定会和睦美满，夫妻也容易沟通。这种妻子不光有教养，关键是她们懂得换位思考，凡事能够站在丈夫的立场、角度来感受、考虑与权衡，从而做出与丈夫相近的判断与决定，与丈夫有“所见略同”的智慧和“不谋而合”的默契。

当然，善解人意不单是女子的传统美德，是所有人的美德。一个员工或者领导者，只要学会了换位思考，他就容易善解人意，能够较为准确地把握别人的观点，使沟通步入佳境，获得顺畅与成功。

通常，在公司员工与员工、员工与领导者之间的沟通活动中，不论是员工还是领导说话，其实都很难被听者百分之百理解和接受，尽管听者没有表示异议，甚至连连点头称是，却难保听者听懂了，更难保听者是否准确把握了言者的观点。也难怪，许多沟通虽反复多次交谈，却不能奏效，可能正缘于言者观点未能被听者准确把握，甚至听者根本没诚意听，沟通归于失败就是自然的事情。

chapter 5 第五章

学会倾听，别人才能聊得开

做个倾听高手

在日常生活中，能聆听别人意见的人，必是一个富于思想，有缜密的思维和谦虚性格的人。这种人在人群中，起初也许不太引人注意，但最后则必是最受人敬重的。因为他虚心，所以受所有人欢迎；因为他善于思考，所以便为众人所敬仰。

怎么去做一位“听话”的高手呢？

首先是要“专注”。别人和你谈话的时候，你的眼睛要注视着他，无论他的地位和身份比你高或是低，你都必须这样做。只有虚浮、缺乏勇气或态度傲慢的人才不去正视别人。

其次，别人和你说话时，不可做一些与此无关的事情，这是不恭敬的表示，而且当他偶然问你一些问题，你就会因为不留心听他所说的话而无从回答了。

聆听别人的话时，偶尔插上一两句赞同的话是很好的，不完全明白时加上一个问号也是非常必要的，因为这正表示你对他的话留心了。

但是，你不可以把发言的机会抢过来，就滔滔不绝地说自己的，除非对方的话已告一段落，该轮到你说话时才可以这样做。

无论他人说什么，你不可随便纠正他的错误，如果因此而引起对方的反感，那你就不可能成为一个良好的听众了。批评或提出不同意见，也要讲究时机和态度，否则，好事会变成坏事。

有些人常喜欢把一件已经对你说过好几次的事情重复地说，也有些人会把一个说了好多次的笑话还当新鲜的东西。

你作为一位听众，此时要练习一次忍耐的美德了。你不能对他说“这话你已经说过多次了”，这样会伤害他的自尊心，你唯一能做的事是耐心地听下去，你心里明白他是一个记忆力不好的人。你应该同情他，而且他对你说话时充满了好感和诚意，你应该同样用诚意来接受他的诚意。

但如果说话的人滔滔不绝而你又毫无兴趣，觉得花时间和精力去应酬他是十分不值得的。这时，你应该用更好的方法，使他停止这乏味的话，但千万要注意，不可伤害他的自尊心。

最好的方法是巧妙地引他谈第二个话题，尤其是一些他内行而你又感兴趣的话题。

把说话的权利留给别人

我们也许有过这样的经历：和别人聊起一个自己很感兴趣的话题时，对方开始打开话匣子，没完没了地说，一开始，自己还觉得很投机，后来就开始不耐烦，接着是厌烦。原因是什么？很简单，对方只顾自己说，而忽略了你。谁都不乐意一味地听别人说话，所以，与人交谈时，即使是一个很好的题材，对方也很感兴趣，说话时也要适可而止，不可无休无止，说个没完，否则会令人厌倦。说一个题材之后，应当停一下，让别人发言，若对方没有说话的意思，而整个局面由于你的发言而人心向你，这个时候仍必须由你来支持局面，那么，就必须要另找题材，如此才能引起大家的兴趣并维持其生动活泼的气氛。

在谈话当中，对方的发言机会虽为你所操纵着，但是，在说话过程中，应容许别人说话，给别人说话的机会。更好的方法是找机会诱导别人说话，这样气氛更浓，大家的兴致更高，朋友之间也更融洽。当说到某一节时可征求别人对该问题的看法，或在某种情形时请他试述自己的见解，总之，务必使对方不致呆听着，才不失为一个善于说话的人，不失为一个明智的人。如果话题转了两三次，而别人仍无将说话机会接过去的意思，或没有主动发言的能力，应该设法在适当的时候把谈话结束。即使你精神好，也应该让别人休息。自己包办了大半发言的机会，是不得已时才偶一为之的方法。千万不要以为别人爱听你说话，就不管别人的兴趣而随便说下去，这背离了说话艺术之道。

在社交上，最好的谈话，是有别人的话在里面。那种看来不爱说也不爱听的人，常常坐在一个角落里，吸着香烟，当他偶然听见另外一些人哄然大笑时，也照例跟着一笑，但是，这种笑显然是敷衍的，因为那种笑容随即就收敛了，他的眼光已经移到窗外的墙壁上或者其他的目标上，这种人不会单独来看你。你要明白，这类人对对话不感兴趣，而时下在座的其他人谈天说地，问题无非是饮食男女、金钱女色，或出语粗俗，言不及义，所以，他才独自躲在一角。只要你知其症结所在，你便可以在几句谈话中探得他的兴趣点，然后和他谈论下去，这样便很自然引起谈话内容。只要你恰当地提一些问题，就可以保持一个增长你学识的机会。他见你谈吐不俗，在这举世混浊中，一定会引你为知己，如此一来，僵局就打开了。年纪较大或较小的一类，因年龄差距大，社会经历、生活经验不同，因而兴趣不同，趣味也无法相投。所以可以采用上述方法来打开话题。

到什么山听什么歌

作为一个聆听者，除了能对他人有个了解，增长见识之外，事实上还应对别人的说话艺术及风格有所关注。吸取积极经验，总结错误教训，以使自己日后在说话时不至于犯同样的错误。总而言之，聆听者可以在倾听中获得以下几条说话经验。

作为聆听者，一定能注意到，人们平常的说话都是在一定的社会环境中进行的，特定的环境、特定的氛围，对说话者的情绪、表达的内容产生直接的影响。说话的特定效果，也是在特定的场合中获得的。

说话环境十分重要。凡是成功的说话都是主动适应环境的结果。说话要做到说话内容与环境的统一，说话形式与说话环境的统一，说话者的外部形象和说话环境的统一。

聆听者听后要有所获益，不能白听一场。有道是，人不可以犯相同的错误，既然别人已经提供了失败的教训，那么聆听者就当吸取前车之鉴，也不枉一听。

善于倾听让你赢得好感，处处受欢迎

倾听是我们对别人的一种最好的恭维。很少有人能拒绝接受专心倾听所包含的赞许。

因此，如果你希望成为一个善于谈话的人，那就先做一个注意倾听的人。要使人对你感兴趣，那就先对别人感兴趣。

最成功的商业会谈的秘诀是什么？注重实际的著名学者依里亚说："关于成功的商业交往，并没有什么秘密——专心地倾听那个对你讲话的人最为重要，没有别的东西会使他如此开心。照此下去，合作成功是自然的了，再也没有比这更有效的了。"

有一句名言说得好："善言，能赢得听众；善听，才会赢得朋友。"

倾听就是最好的鼓励，这表示你对他的观点感兴趣，欣赏他说话的方式，甚至是欣赏他整个人。反之，你对一个人的谈话不感兴趣，很容易让他误以为你不喜欢他本人，尽管事实上并非如此，但他的感觉就是这样的，从而对你产生反感。

如果你希望别人喜欢你、尊重你、在背后称道你，这里有一个方法：耐心倾听对方的话，不管他说什么都兴味盎然，哪怕知道他将说什么也绝不打岔。你将发现，即使一个最不讲道理、最顽固的人，也会在一个有耐心、具有同情心的听者面前软化下来，变得像小猫一样乖顺。反之，如果你希望别人躲闪你、轻视你、在背后嘲笑你，也有一个方法：决不要听人家讲三句话以上，而是不断地谈论你自己。如果你知道别人所说的是什么，就不要等他说完。既然他不如你聪明，为什么要浪费你的时间倾听他的闲聊？如果你这样做，你将发现，即使一个脾气温和的人，也会在你面前变得轻率不恭、不近人情。

请记住，跟你谈话的人，对他自己、他的需求和他的问题，比对任何人、任何事更感兴趣百倍。他对自己的牙痛，比对非洲的40次地震更感觉强烈。因此，交际学上的一条最重要的规则是：“做一个好的倾听者。鼓励他人谈论他们自己。”

倾听是表示关怀的行为，是一种无私的举动。它可以让我们离开孤独，进入亲密的人际交往，并与人建立友谊。

时机未到时就得保持沉默

哲学家说，沉默是一种成熟；思想家说，沉默是一种美德；教育家说，沉默是一种智慧；艺术家说，沉默是一种魅力。我们知道，在人际交往当中，沉默是一种难得的心理素质和可贵的处世之道，当然，任何事情又都不是绝对的。

心理学告诉我们，在不同的场合环境中，人们对他人的话语有不同的感受、理解，并表现出不同的心理承受力。正因为受特殊场合心理的制约，有些话在某些特定环境中说比较好，但有些话说出来未必好。同样的一句话，在此说与在彼说的效果就不一样。因此，说什么、怎么说，一定要顾及说话的环境，如果环境不相宜，时机未到，最好的办法是保持沉默。

在生活中，有人推崇一种“大智若愚型”的艺术一即在商业活动中多听、少说甚至不说，显示出一种“迟钝”。其实这样做的目的是为了获得最大的利益。少开口，不做无谓的争论；反之，你可以探测对方动机，逐步掌握主动权。

这时候的沉默，实际是“火力侦察”。

“言多必失，语多伤人”，“君子三缄其口”的古训，把缄口不言奉作练达的安身处世之道。今天，我们亦应谨记这些古训，该沉默时一定要三缄其口。沉默，是一种态度；沉默，是一种特殊语言；沉默，也会赢得百万金。

以对方的需求为切入点

亚佛斯德定律是德国人类学家W.S. 亚佛斯德提出来的，他认为，一个人在与人沟通时，能引起他人急切的需求，并能引导这种需求，那么他就能无往不胜。的确，现实生活中，与人交往时，我们只有了解对方的心理需求，并以对方的需求为切入点展开话题，方能拨动对方心中的那根弦。

试想如果对方想说什么，你就替他说什么，对方想要什么，你就设法满足他。这样的沟通怎能不愉悦融洽？否则，如果你不了解对方的需求，哪怕你做再多，说破嘴皮也无济于事。

很多时候我们处理的不是问题，而是对方的心情和情绪。据专家研究，一个人如果长时间被他人赞美，其心情会变得愉悦，心里话自然也就说出来了，我们应该毫不吝啬地找到对方的赞美点去进行赞美。

chapter 6 第六章

学会提问，别人才能聊得透

漏斗法则：从开放式的问题开始，逐渐缩小范围

每种类型的问题都有最合适的谈话情境，知道什么时候用哪种类型的问题，对于想从别人身上得到可靠信息的你来说，是非常重要的。

1.开放性的问题

开放式的问题简直可以用闲谈来形容，轻松得好像你们就是在拉家常。这类型的问题不会有所指向，谈话对象也不用分辨哪一种答案会取悦于你，没有担心，他自然就可以轻松地说出心里话。开放式的话题是你获得客观信息的首选。

当然，开放式话题也有缺点。由于它们太宽泛了，答案有时候会完全脱离轨道，你得到的信息往往都不是你想要的。而且开放式的问题也相当费时，有时候唠唠叨叨谈了半天，却没有你想要的答案。开放式的问题也给谈话对象规避问题创造了条件。

2.诱导式的问题

开放式的问题没有限定任何答案，而诱导式的问题则有限制。有时候限制是有利的，因为这样可以引导谈话的方向，避免浪费了大量的时间和精力却不得要领。如果你想知道你的员工工作热情如何，不要问他："你今天都做了什么？"而是问一个诱导的问题："你今天几点到公司的？"

如果你想从一个闪烁其词的人口中得到直接的答案，你可以好好利用诱导式问题。否则，如果你问他开放式的问题，估计问三天三夜也问不出结果。另一种使用诱导式问题的情况，是让对方知道你事先掌握了他的一些信息。例如，母亲对儿子说："我知道你一直都不喜欢舞蹈，但是学了拉丁舞是不是有一些不同的感觉？"或者商人对潜在的客户说："这项计划是否和去年……事情有关？"这些问题能促使谈话对象坦露更多的信息。

3.争论式的问题

争论式的问题给人的感觉就是争论、辩解。有时为了取得重要的讯息或揭发谎言，你不得不使用这种问题。在日常生活中，使用威胁的手段强迫对方承认以取得答案应该是最后的手段。有时候，在最激烈的言谈攻击下，你的谈话对象不得不承认他"没有犯过的错"。但是冷静之后，他往往会表示这是为了避开你，为了逃离现场才那样说的，这样的态度转变有时难辨真伪。有时候你逼得紧了，他甚至会说："好吧，我承认，你不就是想让我承认吗？现在你得到了你想要的答案，可以走了吗？"

探路式提问，降低对方的“警戒心”

生活中，当我们与某人第一次见面时，不管有多想了解对方，一定不能忽视问话禁语的问题，要耐下心来慢慢诉说。

第一次见面，不管出于怎样的目的，总希望尽可能多地了解对方，一个又一个的问题就这样问了出来。殊不知，这样的问话方式会给对方造成不适之感，对方对你本就不熟悉，戒心会更重。最开始问话的一方往往觉察不到这种迹象，直到对方表现出明显的回避与提防的情形时，问话方才不得不就自己的问话作一番解释。于是疑云消散，双方的交谈才逐渐融洽。但是，如果在对话的最开始就先讲明自己询问某些事的原因，交流的效果会更好。

不熟悉的人相见，认知总需要一个过程，切不可因为想急切了解某些问题而忽视了思想“互通有无”的过程。简而言之，就是让对方对你跟他对话的目的有个大概的了解，让他心中有数，他才会对你的问题予以解答。

所以，生活中，当我们与某人第一次见面时，不管有多想了解对方，一定不能忽视问话禁语的问题，要耐下心来慢慢诉说。尤其要注意的是，在一些需要解释的问题之前做出必要的解释，跟对方说明自己这样问的意图。这样才能让他最大限度地敞开心扉说出自己的想法，你也会更加了解这个人。

设置心理“陷阱”，由浅及深问到底

人与人相遇，并不是无话可聊，而是没有找到适合双方的话题。这样的话题常常需要一个试探的过程，而要想经历这个过程，就要有锲而不舍的精神，不能因为一两次的受阻就不再问下去。问得越深、越广、范围越大，就可能找到尽可能多的谈资。

人与人之间的相遇，并不是无话可聊，而是没有找到适合双方的话题。挖掘到对方最感兴趣的话题，让原本陌生的两个人逐渐熟悉起来，谈话气氛也会变得融洽。

面对陌生人的时候，为了迅速打开话匣子，可熟练掌握以下几种方法：

1.从对方的口音找话题

对方的口音可以告诉我们他大概的出生地或者居住过的地方，从此处入手，就可询问相关的风土人情、著名人物等问题，激发对方的谈话欲望。

2.从与对方相关的物品找话题

对方携带的东西通常跟他的兴趣和爱好有关，从此处入手，更容易打开对方的话匣子。如果对方拿着一本体育杂志在看，一句“你是喜欢体育吗”，就会让双方的距离瞬间缩短很多。

3.从对方的衣着打扮找话题

一个人的穿着常常反映他的品位，如果从他衣服的品牌开始交谈，沟通或许会更加融洽。

提问环环相扣，让其退无可退

主动抛出问题，就会打乱对方的心理节奏，让他自乱阵脚，自己也会逐渐在对话中占据优势。

有些人的强大是装出来的，为了达到自己的私利用假象迷惑别人，外强中干。这样的人，通过外在并不能看出什么端倪，只有通过交谈，才知道他的强大到底是实还是虚。而最佳的交流方式之一，就是先将存在的问题抛出，而不是被动地接受问题。

主动抛问题代表一种强烈的寻求掌控权的思维模式，只有有了掌控权和话语权，对方的思想才能渐渐被你掌握，掌握了一个人的思想，他的心思还会无法看透吗？

掌控局面，引导对方自觉说真话

心理学上讲，人往往会因为彼此间相似的秉性或者经历走到一起，在认同和被认同的过程中，慢慢由陌生变得熟悉。

从心理学上讲，人往往会因为彼此间相似的秉性或者经历走到一起，在认同和被认同的过程中，慢慢由陌生变得熟悉。没有人希望与自己对话的那个人是个和自己没有丝毫相同点的人，那样的话，两人很难有聊得来的话题。甚至，有可能爆发矛盾冲突。

因为有了相同的地方，第一次见面的两个人才会渐渐有亲切感，慢慢放下戒备的心。除此，消除陌生感的方式还有以下几种：

1.攀认式

赤壁之战中，鲁肃见诸葛亮的第一句话是：“我，子瑜友也。”子瑜，就是诸葛亮的哥哥诸葛瑾，他是鲁肃的挚友。短短的一句话就定下了鲁肃跟诸葛亮之间的交情。其实，任何两个人，只要彼此留意，就不难发现双方有着这样或那样的“亲”“友”关系。

2.敬慕式

对初次见面者表示敬重、仰慕，这是热情有礼的表现。但用这种方式必须注意，要掌握分寸，恰到好处，不能胡乱吹捧，不要说“久闻大名”“如雷贯耳”之类的过头话。表示敬慕的内容也应该因时、因地而异。

chapter 7 第七章

有分寸，和谁都能聊尽兴

看准机会再说话

孔子在《论语·季氏》里说：“言未及之而言谓之躁，言及之而不言谓之隐，不见颜色而言谓之瞽。”这句话有三层意思：

一是不该说话的时候说了，叫作急躁；

二是应该说话的时候却不说，叫作隐瞒；

三是不看对方的脸色变化，贸然信口开河，叫作闭着眼睛瞎说。

这三种毛病都是没有把握说话的时机，没有注意说话的策略和技巧。因为说话是双方的交流，不是一个人的单方面行为，它要受到诸如说话对象、设定时间、周边环境等种种限制，所以说话要把握时机。如果该说的时候不说，时境转瞬即逝，便失去了成功的机会。同样的，如不顾说话对象的心态、不注意周边的环境气氛、不到说话的火候却急于抢着说，很可能引起对方的误解，甚至反感。如果信口开河，乱说一通，后果就更加严重。

把握说话时机非常重要，这个过程需要充分的耐心，也需要积极进行准备，等待条件成熟，但绝不是坐视不动。《淮南子·道应》云：“事者应变而动，变生于时，故知时者无常行。”安陵君的过人之处，便在于他有充分的耐心，等待楚王欢欣而又伤感的那个时刻。此时，动情表白，感人肺腑，愉悦君心，终于受封，保住了长久的荣华富贵。

插话要找准时机

在别人说话时，我们不能只听到一半或只听一句就装出自己明白的样子。我们提倡在听别人说话时，要不时做出反应，如附和几句“是的”等话语，这样既让说者知道你在听他说，又让他感觉你在尊重他，使他对你产生浓厚的兴趣。

但是，万事都有所忌，都要把握分寸。许多人过分相信自己的理解和判断能力，往往不等别人把话说完就中途插嘴，这种急躁的态度很容易造成损失，不仅容易弄错了对方说话的意图，还有失礼貌。当然，在别人说话时一言不发也不好，对方说到关键的时刻，说完后，你若只看着对方，而不说话，对方会感到很尴尬，他会以为没有说清楚而继续说下去。

还有不少人在倾听别人说话时表现得唯唯诺诺的样子，哼哼哈哈，好像什么都听进去了，可等到别人说完，他却又问道：“很抱歉，你刚才说了什么？”这种态度，对于说话者来说是有失礼节的事。

所以说，即使你真的没听懂，或听漏了一两句，也千万别在对方说话途中突然提出问题，必须等到他把话说完，再提出：“很抱歉！刚才中间有一两句你说的是……吗？”如果你是在对方谈话中间打断，问：“等等，你刚才这句话能不能再重复一遍？”这样，会使对方有一种受到命令或指示的感觉，显然，对方对你的印象就没那么好了。

听人说话，务必有始有终。但是能做到这一点的人并不多。有些人往往因为疑惑对方所讲的内容，便脱口而出：“这话不太好吧！”或因不满意对方的意见而提出自己的见解，甚至当对方有些停顿时，抢着说：“你要说的是不是这样？”这时，由于你的插话，很可能打断了他的思路，使他忘了要讲些什么。

人人都有这样的经验：有时，同某人在一起，说话很愉快；有时同某人在一起，感到很烦，本来很感兴趣的话题却不想谈下去。究其原因，主要是因为对方说话不讨人喜欢，该问的问，不该问的也问，所以让我们觉得厌烦。说话要讲究轻重、曲直，更要有个眼力见儿，知道哪些话该说哪些不该说，哪些该问哪些不该问。

凡别人不知道或不愿意让人知道的事情都应避免询问。问话的目的在于引起双方的兴趣，而不是使任何一方没趣。若能让答者起劲，同时也能增加你的见识，那是使用问话的最高本领。

一位社交家说：“倘若我不能在任何一个见面的人那里学到一点儿东西，那就是我处世的失败。”

这句话很发人深省，因为虚怀若谷的人，往往是受人欢迎的。记住，问话不仅能打开对方的话匣，而且你可以从中增益学问。

顺着对方的话锋说话

顺梯而下，是指依据当时有利的时机，只要有可能，不可更多地纠缠，应顺势而下，不需要特意地去找，自然而然，做得巧妙，不会引起他人的注意，自己依然保持着主动的局面。顺梯而下有以下两种表现：

1.顺着对方的话题而下

有时候，一个话题要进行下去，可朝着多种方向发展，我们可以有意识地将话题引往有利于自己的方向，然后顺着话题及时撤出去。

那些毫无根据又极具挑衅性的提问总是会激起人们的反感，但是直接的指责反而会显得自己涵养不够。所以，我们不如根据对方的诘问，为自己编造一个更严重的罪责，嘲讽对方无中生有、不讲礼貌，表达我方对这种无凭无据的问题的极大愤怒和拒绝回答的态度。

家庭生活中，也难免有下不了台的时候，顺梯而下的方法也可适当利用。

2.顺着他人解围而下

在谈话中，如果因为我们自己的难堪，造成整个气氛的不和谐，可能会有知趣的人站出来，及时替你解围，这时，就应该抓住时机，顺着他人解围及时撤出。

顺梯而下是解窘见效很快的方法之一，它能使人逃脱于无形，让制造尴尬的人立即停止发话，可谓一箭双雕。

说话不可口无遮拦

与人说话要讲究方圆曲直，该说的说，不该说的就不要开口。可实际上，总有人说话口无遮拦，以致让自己陷入危险境地。

说话不可口无遮拦，要恰当地回避他人忌讳的东西，才能使双方的交流更为融洽。

朋友聚会，大家不免要开开玩笑，玩笑不伤大雅无妨，不有意无意揭人伤疤也无妨。这样可以使气氛更欢愉，彼此沉浸在往事的回忆中，倒是一种乐趣。然而，有时不该说的说了，就会使气氛骤变，若是有朋友携好友或恋人同往，情况还会更糟。

总之，无论在什么场合，什么情况下都要把握说话分寸，做到该说的说，不该说的就不说，尽量创造一个和谐的氛围。

不拿别人的隐私开玩笑

一般来讲，开玩笑都想达到一种令人回味无穷的幽默效果，为此，有人开玩笑竟侵犯到了别人的隐私，这实在太过分了。其实，玩笑能否令人回味无穷，在于巧妙、含蓄的构思，精辟、深奥的哲理，浅显、滑稽的表现形式，幽默的引证，以及特定的矛盾、特定的情境，等等。用过分的语言去开玩笑，难免出现污言秽语。不宜过频地开玩笑，应该适可而止。

每个人都有自己的秘密，都有一些压在心里不愿为人知的事情。在同事之间的闲聊调侃中，哪怕感情再好，也不要去揭别人的短，把别人的隐私公布于众，更不能拿来当作笑料。

调侃时说出了他人的隐私，虽言者无意，但是听者却有心的。他会认为你是有意跟他过不去，从此对你有意见。他做的事别有用心，极力掩饰不使人知，如果被你知道了，必然对你不利。如果你与对方非常熟悉，绝对不能向他表明你绝不泄密，那将会自找麻烦。最好的办法是假装不知，若无其事。

在现实中，正人君子有之，奸佞小人有之；既有坦途，也有暗礁。

在复杂的环境下，不注意说话的内容、分寸、方式和对象，往往容易招惹是非，授人把柄，甚至祸从口出。因此，说话小心些，为人谨慎些，使自己置身于进可攻、退可守的有利位置，牢牢地把握人生的主动权，无疑是有益的。一个毫无城府、喋喋不休、乱侃他人隐私、乱揭他人伤疤的人，会显得浅薄俗气、缺乏涵养而不受欢迎。

心理学家研究表明：谁都不愿把自己的错误和隐私在公众面前“曝光”，一旦被人曝光，尤其是以一种调侃的形式被人揭露，就会感到难堪而愤怒。

点到为止

事情有缓急，说话有轻重。有些人在日常交际中，对问题缺乏理智，不考虑后果，一时性起，说话没轻没重，以致说了一些既伤害他人，也不利自己的话。

有一对夫妻吵架，两人唇枪舌剑，各不相让，最后丈夫指着妻子厉声说：“你真懒，衣服不洗，碗也不刷，你以为你是千金小姐呢，什么都不会，脾气还挺大，要你有什么用，不如死了算了。”妻子一气之下割脉自尽，丈夫后悔已经来不及了。

这样的例子在日常生活中屡见不鲜。这类说“过”了、说“绝”了的话，虽然有一些是言不由衷的气话，但是对方听来，却很伤心，故常常引起争吵、嫉恨，甚至反目成仇。俗话说“过火饭不要吃，过头话不要说”“话不要说绝，路不要走绝”，正是对上述不良谈吐的告诫。

如果听话人是一个非常明白事理的人，你说的话就不必太重，蜻蜓点水，点到即止，一点即透，因为对方就像一面灵通的“响鼓”，鼓槌轻轻一点儿，就能产生明确的反应。对这样的人，你何必用语言的鼓槌狠狠地擂他呢？

说话要把握轻重，点到为止，给人留住面子，才能起到说话的原本目的。

拿不准的问题不要武断

一般人并不怕听反对自己的意见，不过人人都愿意自己用脑筋去考虑一下各种问题。对于自己未必相信的事情，都愿意多听一听，多看一看，然后再下判断。

为了给别人考虑的余地，你要尽量缓冲你的判断结论。把你的判断限制一下，声明这只是个人的看法，或者是亲眼看到的事实，因为可能别人跟你有不尽相同的经验。

除去极少数的特殊事情外，日常交往中，你最好能避免用类似这样的语句来说明你的看法。如“绝对是这样的”“全部是这样的”，或者“总是这样的”。你可以说“有些是这样的”“有时是这样的”，甚至你可以说“大多数人都是这样的”。

凡是对自己没有亲历，或不了解的事实，或存有疑点的问题发表看法时，要注意选择恰当的限制性词语，准确地表达。如说：“仅从已掌握的情况来看，我认为……”“如果情况是这样的话，我认为……”“这仅仅是个人的意见，不一定正确”。这些说法都给发言做了必要的限制，不但较为客观，而且随着掌握的新情况的增多，有进一步发表意见，或纠正自己原来看法的余地，较为主动。

有时是因事实尚未搞清，有时是因涉及面广，或者自己不明就里，都不宜说过头话，而应借助委婉、含蓄、隐蔽、暗喻的策略方式，由此及彼，用弦外之音，巧妙表达本意，揭示批评内容，让人自己思考和领悟，使这种批评达到“藏颖词间，锋露于外”的效果。例如，可以通过列举和分析现实中他人的是非，暗喻其错误；通过列举分析历史人物是非，烘托其错误；也可通过分析正确的事物，比较其错误等。

简单否定或肯定他人不可取

对他人的评价是最为敏感的事情，应格外慎重。尤其是对自己不喜欢的人作否定性评价时，更应注意公正、客观，不要言辞过激，最好少使用“限制性”词语。如果某下属办糟了一件事，在批评时，某领导说：“你呀，从来没办过一件漂亮事！”这话就说得过于绝对，对方肯定难以接受。如果这样批评：“在这件事上，我要批评你，你考虑得很不周到！”这样有限度的批评，对方就会心服口服，低头认错。因此，对他人做肯定或否定性评价时，要注意使用必要的限制性词语，以便对评价的范围做准确的界定，恰当地反映事物的性质、状态和发展程度。只否定那些应该否定的东西，千万不要不分青红皂白，简单地“一言以蔽之”。

妙语精言，不以多为贵。领导者在批评下属的过错时，经常要用听起来简单明了、浅显易懂，实际上含意深刻、耐人寻味的语言，使出现过错的人经过思考，便能从中得到批评的信息，并很快醒悟，接受批评，改正过错，吸取教训，不断前进。

道歉，时机很重要

如果你错了，就要及时承认。与其等别人提出批评指责，还不如主动认错道歉，更易于获得谅解宽恕。凡是坚信自己一贯正确，发生争端总是武断地指责对方大错特错而自己从不认错、道歉的人，根本不能服众。领导者认错不会丢脸，也不会丧失威信，反而有利于维护形象、提高威信。有错就承认，并勇于主动承担责任的领导人，比自夸一贯正确，有错就把责任往下推的领导，更有威信，更深得下级的信赖、拥护、爱戴。

真心实意地认错、道歉，就不必推客观原因、做过多的辩解。就是确有非解释不可的客观原因，也必须在诚恳地道歉之后再略为解释，而不宜一开口就辩解不休。否则，你对自己的错误实际上是抱着抽象否定、具体肯定的态度，这种道歉，不但不利于弥合双方思想感情上的裂痕，反而会扩大裂痕、加深隔阂。道歉需要诚意。双方成见很深，当对方正处在火头上，好话歹话都听不进时，最好先通过第三者转致歉意，待对方火气平息之后，再当面赔礼道歉。有时当务之急不是先分清谁是谁非，而是要求双方求同存异，去对付共同面临的困难或“敌手”。如双方僵持不下，势必两败俱伤。如一方先主动表示歉意，就有可能打破僵局，化紧张为和谐，乃至化“敌”为友，促成双方合作共事。

明明没有错，也赔礼、道歉，这不是虚伪吗？不是卑怯吗？不。没有错，有时也需要道歉。如纯属客观的原因，比如气候变幻无常、意外的交通事故等，使你失信，给对方带来一些麻烦、损失，为什么不可以道歉呢？一味找客观原因，对方表面上不好责怪，但心情总是不愉快的，那就不利于增进友谊。如果你有事求助于人，对方尽了最大努力，由于受多方面条件的限制，事未办成，但他为此付出了艰巨的劳动；或事虽办成了，但对方付出的劳动，给他带来的麻烦，比你原先预料的要多得多。凡通情达理者，岂能毫无内疚之感，不说几句发自肺腑的道谢的话呢？这体现了你对他人劳动的尊重，而且以后有求于他，也好再开口。

对方不听你的劝告，闯了大祸，并已给他本人带来了健康、财产的巨大损失，他正沉浸在悲痛之中。此时此刻，你决不能先急于批评对方的错误，更不能埋怨他不听你的劝告，而应先表示慰问，再加上歉意，因为事先你没有再三极力劝阻。以后，再利用适当的时机、场合，双方共同来总结经验教训。凡通情达理者，一定会对你万分感激，并把你当成可信赖的知心朋友。

这些没有错误的真诚道歉，无论在个人、单位的社交活动还是在国家之间的外交往来之中，都是极为正常的表现，所以，我们也要认真加以对待。

和朋友说话也要有分寸，玩笑不可太过分

朋友之间互相开玩笑原本是件有趣的事情，可若是口无遮拦、毫不避讳地开玩笑，反而会伤了朋友情面，甚至因此而失去一个朋友。

报纸上刊载过这样一件事：李某和几个朋友一起喝酒，几两酒下肚后，朋友和李某开起了玩笑："瞧你这丑样，你那儿子倒很漂亮，莫不是你媳妇跟别人生的？"这本来是句玩笑话，李某却偏偏是个小心眼的人。回家后，李某就跟妻子找碴："你说！我长的是啥样，为什么这孩子却是那模样？到底是不是和我生的？"

他边说边逼近妻子，冷不防从妻子怀里抓过孩子，拎着小腿，把孩子扔到床上，又顺手抓起枕头压在了哭叫不已的孩子的脸上，可怜的孩子顿时没有了哭声。见此情景，妻子极力想救孩子，却被丈夫打倒在炉灶前。急恨交加中的妻子顺手抓起炉灶旁的炉钩，死命地甩向李某。只听李某"哎呀"一声，松开了枕头，慢慢地瘫倒在地上。妻子从地上爬起来，不顾一切地向儿子

扑了过去，急忙掀去枕头，看到儿子的小脸憋得青紫，已经奄奄一息了。再看丈夫，他倒在地上，一动不动，一股液体顺着他的右腮淌下。原来她甩过去的炉钩的尖端，刚好嵌进李某的右边太阳穴，她见状吓得昏了过去。只因朋友的一句玩笑话，顷刻间，好端端的三口之家毁于一旦。这就是乱开玩笑没有分寸的恶果。

不要随便打断别人的话

日常生活中，我们常常会遇到这样一些人：总喜欢在别人说话时打断别人的话，搞得大家不愉快。实际上，在别人说话的时候随便打断，是很没有礼貌的表现。聚会时，每个人都有发言的权利，有的人总是不等别人把话说完，就中途插话，并因此让场面陷入尴尬。

生活中，常常都会碰到被人打断谈话的事情发生，不管我们是否参与，都要意识到这是失礼的表现。培根曾说：“打断别人、乱插话的人，往往比发言冗长者更加令人讨厌。打断别人说话是最无礼的行为。”

若一个人正讲得兴高采烈，听众的反应也很热烈，此时我们如果突然插嘴打断，那么，不仅仅是说者，就连听众也会产生反感，因为随便打断别人说话的人是不懂得尊重别人的。

一个有教养的人在对随意插话这种不礼貌的举动，多是默不作声，隐忍不发，但内心总是会充满不愉快；一些没有涵养的人，遇到这种情况，则可能会当场大发脾气，使打断他说话的人下不了台，这样一来，双方都会很尴尬。所以说，即便是出发点再好的插话，若插话的方式不当，别人也会不领情。

虽然说打断别人的话是一种不礼貌的行为，但交流沟通是双方或者多方，永远不可能是一个人在说，所以，听人说话的人还是要适时地提出切中要点的问题或发表一些意见感想，来响应对方的说法。如果必须插话，则应该等对方表达完自己的意思或在谈话间歇的时候再插入，而且要表示歉意：“对不起，我想插一句……”或者“不好意思，我有不同看法……”

聪明的人在与别人交谈时，即使对方滔滔不绝地说个不停，也绝不突然地去惊扰，而是委婉善意地提醒对方。比如，你可以端起一杯茶水敬过去，说：“讲了这么久，一定口干舌燥了吧，先喝口茶润润喉咙。”在座者忍耐了好久，此时一定免不了开怀大笑，对方也就不得不在窘迫中有所收敛了。

chapter 8 第八章

会赞美，谁都愿意和你聊

对男人和女人采取不同的赞美

人人都渴望被别人赞美，但男人和女人的需要是不同的。

男人要面子好虚荣，多表现在追逐功名、显示能力、展示个性以显潇洒和能力之形象方面，而女人则表现在对容貌、衣着的刻意追求或身边伴个白马王子以示魅力方面。男人要面子好虚荣，他们对此毫不遮掩，有时甚至坦率得令人吃惊，而女子则总是遮遮掩掩、羞羞答答。因此对男人和女人要采取不同的赞美方式。

作为男人更要会赞美女人。能够做到张口也赞闭口也赞。这样，你才能在女人面前受欢迎，使你魅力无穷。

男人赞美女人是对女人的肯定，更是对女人魅力的一种欣赏。在男人眼里，女人身上总有美丽动人之处，或者是皮肤细腻，或者是身材苗条，或者是眉目含情，或者是穿着得体。所以你一定要善于去发现、去捕捉她的美。许多女人都会对自己的缺憾有所了解，但她们也十分了解自己的动人之处，只要你能慧眼独具，赞美得体，你一定会博得她的赏识与青睐。

当今社会注重个性，夸赞一个女人有个性已成为一种时尚。固执的性格可当此人有个性来称赞，孤傲的性格也可以用有个性来称赞，像男人一样不拘小节，有些泼辣的女性也能用有个性来称赞。只要是稍稍区别于大众的性格，你用个性二字来赞她，无论是哪种女性，她都会觉得你这个人很有品位。

生活中女人们的能力也值得你一赞。日常家务，如烧饭做菜、收拾房间、照顾孩子，这些虽是一些细小的事情，但却能表现出女人的动手能力、审美能力、教育能力。只要你在日常生活中也不忘记赞美一下女性，你定会得到女性们一致的好评。

如何赞美才能不被认为是拍马

如果今天一大早就有人夸你“衣着得体，非常漂亮，有精神”，那么你一天的学习、工作状态一定很好吧。看来小小的一句赞美的话有时起了很大的作用，可以迅速拉近人与人之间的距离，得到别人的喜爱，也可以给他人信心、快乐。

然而生活中一些人偏偏学不会或不屑恰当地去赞美他人。下级赞美领导，被认为是“拍马屁”；男士赞美女士被认为“心怀不轨”，这些都是原本不必要的思想。谁都想要得到别人的肯定与赞同，为什么不试着去赞美一下别人呢？

要赞美他人，先要选好赞美的话题，不可过分夸张，更不能无中生有。对于青年客户，赞美他年轻有为、敢于开拓；对于中年客户，赞美他经验丰富、见多识广；对于知识分子，赞美他知识渊博，刻苦钻研；对于商人，赞美他头脑灵活，发财有道。这些都是恰如其分的，如果赞美一中年妇女活泼可爱、单纯善良可能就会不伦不类，弄不好还会招致臭骂。赞美你的领导发家有方、日进斗金，恐怕你升迁的希望就渺茫了。

要赞美他人，就要善于体察人心，了解对方的迫切需要，有的放矢。比如营业员与顾客在商品质量、价格等方面争执不下时，聪明的营业员这时改换话题，称赞这位顾客真有眼光，这衣服款式是最新的，面料也好，特别畅销。再夸她能说会道，真会砍价，我们这儿从没卖过这么低的价钱。顾客听了一定喜欢，不好意思再争下去，说不定很快就买下来了。看吧，人的心理就是这么奇怪。

要夸别人，应有一种“战无不胜”的信心。人都是有弱点的，再谦虚，再不近人情，再标榜不喜欢听甜言蜜语的人，其实都喜欢别人的赞美，只要恰如其分。

原来每个人都是愿意听好听的，只要你赞美得有分寸，不流于谄媚，不伤人格，定会博人欢心。

赞美人的话不能过多，多了对方会不自在，觉得你是虚情假意、逢场作戏，因此而不信任你。赞美过多也不利于交谈，在谈话中频频夸对方“好聪明”“好有能力”，对方频频表示客气，往往使谈话无法顺利进行。

褒扬有度，点到为止

一个气球再漂亮、再鲜艳，吹得太小，不会好看；吹得太大，又很容易爆炸。赞美就如吹气球，应点到为止，适度为佳。

因此，在赞美他人时一定要坚持适度的原则。夸奖或赞美一个人时，有时候稍微夸张一点儿更能充分地表达自己的赞美之情，别人也会乐意接受。但如果过分夸张，你的赞美就脱离了实际情况，让人感觉到缺乏真诚。因为真诚的赞美往往是比较朴实的、发自内心的。只有恭维、讨好才是过分夸张和矫揉造作的。

要做到点到为止、褒扬有度是有技巧的。

两个人或两件事相比较，在夸奖对方的同时，让他意识到自己的优点和存在的差距，使对方对你的赞美深信不疑。金无足赤，人无完人。有所保留的赞美应既要看对方的优点和长处，同时还要看到他的弱点和不足，讲究辩证法。常言道："瑕不掩瑜。"指出对方的缺点和不足，并提出一定的希望，不仅不会损害你赞美的力度，相反，却使你的赞美显得真诚、实在，易于为人接受。尤其是领导称赞下属时，要有一是一，有二是二，把握分寸，要有所保留。可以多用"比较级"，千万慎用"最高级"。领导可以在表扬时，把批评和希望提出来。

赞别人没有赞过的美

"喜新厌旧"是人们普遍具有的心理。陈词滥调的赞美，也是很没劲的；新颖独特的赞美，则使人回味无穷。

1.给人耳目一新的语言

赞美是所有声音中最甜蜜的一种，赞美应该给人一种美的感受。新颖的语言，是有魅力的，有吸引力的。简单的赞扬也可能是振奋人心的，但是一种本来是不错的赞扬如果多次单调重复，也会显得平淡无味，甚至令人厌烦。一个女人就曾说过，她对别人反复说她长得很漂亮，已经感到很厌烦，但是当有人告诉她，像她这样气质不凡的女人应该去演电影，给世界留下一部电影拷贝的时候，她笑了。

2.不一样的角度

每个人都有优点和可爱之处。赞扬要有新意，当然要独具慧眼，善于发现一般人很少发现的“闪光点”和“兴趣点”，即使你一时还没有发现更新的东西，也可以在表达的角度上有所变化和创新。

3.新鲜的表达方式

赞美他人，在表达方式上是可以推陈出新、另辟蹊径的。

表达赞美的方式有很多，要针对不同人、不同场合、不同时间选择最为恰当的方式。选择赞美方式时，既要考虑表达方式的新意，又要考虑对方的感受及最后的效果，综合各方面去思考，将会找到最适宜的表达方式。

多在背后说他好

世上背后道人闲话的人不少，大家都很清楚，被说之人一旦知道便会火冒三丈，轻则与其绝交，重则找其当面算账。因此，人们都引此为戒，唯恐犯背后说他人闲话的忌讳。但是，背后说人优点，却有佳效。

赞美一个人，当面说和背后说所起到的效果是很不一样的。如果我们当面说人家的好话，对方会以为我们是在奉承他、讨好他。假如我们当着上司和同事的面说上司的好话，我们的同事们会说我们是在讨好上司，拍上司的马屁，从而容易招致周围同事的轻蔑。同时，上司脸上可能也挂不住，会说我们不真诚。

在日常生活中，如果我们想赞扬一个人，不便对他当面说出或没有机会向他说出时，可以在他的朋友或同事面前，适时地赞扬一番。

多在第三者面前去赞美一个人，是你与那个人关系融洽的最有效的方法。假如有一位陌生人对你说："某某朋友经常对我说，你是位很了不起的人！"相信你感动的心情会油然而生。那么，我们要想让对方感到愉悦，就更应该采取这种在背后说人好话、赞扬别人的策略。因为这种赞美比一个魁梧的男人当面对你说"先生，我是你的崇拜者"更让人舒坦，更容易让人相信它的真实性。

推测性赞美，妙上加妙

借用推测法来赞美他人，虽然这种方式有一定的主观意愿性，未必是事实，但是能从善意的想象中推测出他人的美好东西，就能给人以美好的感受。

推测性赞美有两种，一种是祝愿式的推测，一种是预言式的推测。

祝愿式推测，主要强调一种美好的意愿，用一种友好的心情去推测对方，带有祝愿的特点。这种推测也未必很可行，但推测者是诚挚而善意的。

预言式推测，带有一些必然性、预见性，可以针对工作、生活中可能会取得的成绩进行预测。

预言式推测较适用于同事与同事之间，或父母对孩子的推测，总之，是对身边较熟悉的人所采用的方式。它起到一定的激励作用。

夸人有讲究

赞美的话，人人都会说，但要说好，不仅要掌握许多小窍门，而且还要有所讲究。

首先，赞美要有根据，比如根据对方的为人或处事来赞美。有根有据、有板有眼才能避开阿谀奉承之嫌。

每个人在为人方面都有其优势，笼统的词语难以说明什么；有事实作根据将变得真实可信、生动形象。

其次，不要假充内行。

俗话说："不是船工乱弄篙——假充内行。"肯定和赞美他人必须建立在理解的基础之上，特别是一些专业水平要求比较强的方面，尤其如此，如果你不懂装懂，就难免会出洋相。赞美是一门学问，其中一个重要的法则就是要懂行。只有"懂行"才能抓住赞美之事的特点与实质，才能不说外行话。如果不懂装懂，则经常会发生讲外行话，语言不到位等情况。

因此，在赞美他人时，要懂得适可而止，不必画蛇添足。在措辞上，选择一些大而空的赞词，这样才不至于出错。

再次，赞美必须从性别、性格、知识等全方位来考虑。

“一母生九子，九子各不同”，即使是亲兄弟彼此的性情脾气也有所不同，更何况是来自五湖四海不同的人士。

每个人由于其个性的差异，其所喜欢的赞扬方式也就有所不同，有的人喜欢含蓄委婉，有的人喜欢直露，有的人喜欢日常工作中一个眼神及一个手势的赞扬，有的人喜欢在正式场合的称赞。如果，你对喜欢含蓄的人，用直来直去的赞语，就难以达到赞美的预期效果；若你对喜欢直露的人用较为含蓄的赞语，也许他根本不能领会。

将道歉寓于赞美中

在道歉的时候，称赞对方，让对方获得一种自我满足感，知道自己是正确的，别人是错误的，这样能轻而易举地获得对方的谅解。一般说来，在道歉时责备自己大家能做到，但是却常常忘了称赞对方几句。其实，赞美法是道歉的一个好方法。

一句赞美的道歉话，让对方心花怒放。相反，如果其这样道歉：“对不起，我刚才叫你科长，是因为我不知道你升职了。”那么，还会是这样的结果吗？很显然答案是否定的，对方的回应肯定是面无表情的“没关系”。由此可见，用赞美的方式道歉的力量是多么的大。

人人都渴望被夸奖

赞美对任何人来说都是必不可少的。心理学家威廉·詹姆士曾说过："人类本质中最殷切的要求就是渴望被肯定。"的确，当一个人应该得到赞美而得不到时就会心灰意冷、牢骚满腹，甚至从此自暴自弃。反之，当他听到别人对自己长处的赞美时，就会感到愉快，鼓起奋进的勇气。即使他现在还不够完美，只要你给他充分的、恰如其分的赞美和肯定，那么在不久的将来，你就会惊喜地发现，他已经成为你想让他成为的那类人了。

从心理学的角度来看，人们的行为受到动机的支配，而动机又是随着人们的心理需要而产生的。一旦人们渴望得到他人肯定的心理需要得到满足，便会成为使其积极向上的原动力。比如在训练运动员的过程中，如果教练员能够适时地对运动员所取得的训练成绩加以肯定，很多时候就可以促使运动员完成他一直无法完成的某一高难度动作或姿势。

赫洛定律是一种人际关系的需求理论，它强调满足对方的渴求，以此获得他人的认可与信任。就说话而言，我们与人交谈，从某种意义而言，就是一种探求对方需求的过程，通过这种过程，我们知晓对方的心理活动，由此确定下一步谈话的内容。根据赫洛定律，我们可以探求各种人对不同幽默的喜好，随之在谈话中多多运用对方喜欢的幽默段子，那么和谐而欢娱的气氛就油然而生。

喜欢被赞美是人的一种本性。古今中外无数人的言行都证明了这一点。

人性深处，所有人都渴望被赞美。因为赞美，我们可以获得更多前行的动力；因为赞赏，我们可以确认自己存在的价值。吉祥上师对这一人性特点曾做过精准的剖析，他认为："我们大多数人总是希望得到别人的赞美，却很吝啬对别人的赞美。当我们做了一点儿小事的时候，总是希望别人可以来表扬自己。这是很多人都在不断重复的思维怪圈。"上师提醒我们说："应该多赞美别人，想想当我们取得小小进步，或者做了一点儿小事，别人总是击掌称赞的时候；想想我们在获得赞扬时的兴奋与喜悦，我们就应该怀着感恩的心，时刻提醒自己，好好去为别人的努力鼓掌，无论成功或失败。"

没有人不会为真心诚意的赞赏所触动，领导也是如此。下属要善于抓住领导胜过别人的、最引以为豪的东西，并将其放在突出的位置进行赞美，这样往往能起到出乎意料的效果，达到和领导沟通的良性效果。

讨厌别人赞美自己的人少之又少。即使有，其内心的本意也未必尽然。因为人都有获得尊重的需要，而赞美，则会使人的这一需要得到极大的满足。所以，要想获得他人的好感，最有效的方法就是适度赞美他。

每个人都有很多优点和个人特色，如果赞美符合他人的实际情况，就会收到意想不到的效果，若只是凭空捏造、信口开河，则成了虚伪。假如你对我们的养护工人这样说："你真是一个成功人士，你有非凡的气质，你是一个伟大的人物”。那么你一定不会获得他人的好感。因为这句赞美的语言你用错了人，自然就显得虚伪。对我们的养护职工你可以用“吃苦耐劳，不偷奸耍滑，对工作敬业，能吃亏不怕脏，聪明朴实肯动脑筋”等语言给予肯定和赞美，这样的赞美才显得真诚。

赞美的语言人人爱听，这是人们的共同心理。恰如其分的赞美会让人精神愉悦，赢得他人的信任和好感。在许多场合，适时得当的赞美常常会产生神奇功效，美国前总统林肯曾经说过：“人人都需要赞美，你我都不例外。”人人都渴望赞美，这是人们的共同愿望。领导对职工给予赞美，是对职工工作成绩的肯定，能鼓励职工充分发挥主观能动性和聪明才智，再接再厉地取得更大的成绩。朋友之间、同事之间给予赞美，能使彼此之间感情更融洽，友情更纯真。夫妻之间相互欣赏、赞美，可以增进恩爱、巩固婚姻。当父母的不失时机恰到好处地赞美儿女，既鼓励他们百尺竿头更进一步，又可增强家庭的凝聚力。一个笑容可掬，善于发现别人优点并给予赞美的人，肯定会受到别人的尊敬和喜爱。留意别人的长处，学会欣赏别人，赞美他人，这是一门为人处世的艺术。

赞美的话要发自内心

如果你的赞美之辞不是发自内心的，那么，你的赞美很难达到预期的功效。

赞美别人就是发现别人的美，并且用恰当的语言表达出来。

赞美的语言稍微夸张一点儿是可以的，但是倘若言过其实，便会让人怀疑你赞美的诚意和动机了。

有的人非常吝啬对他人的赞美，认为那是阿谀奉承的表现，是令人不齿的做法，然而人人都喜欢听到他人的赞美，都以得到他人的赞美为荣。因为，如果能得到别人的赞美，说明自己的行为得到了他人的认可，对赞美他的人自然就会产生好感。无论何时，赞美都拥有神奇的力量，能帮助他人走出困境，是交际中最有效的手段之一。发自内心的赞美，是任何人都喜爱的。

有些人不是出自真心而是随大流，跟着别人说重复的赞美话，或者附和别人的赞美，这会引起对方的反感。因为这样的赞美会令对方认为你是在溜须拍马。

出其不意的赞美让人喜出望外

赞美的新意很重要，需要我们综合各方面的因素来翻出恰当的“新”意，否则便会弄巧成拙、适得其反。

一些人在公共场合赞美别人时，自己想不出怎样赞美，只能跟着别人说重复的话，附和别人的赞美。常言道：别人嚼过的肉不香。

赞美是所有声音中最甜蜜的一种，赞美应该给人一种美的感受。新颖的语言是有魅力的、有吸引力的。简单的赞扬也可能是振奋人心的，但是一种本来是不错的赞扬如果多次单调重复，也会显得平淡无味，甚至令人厌烦。

马克·吐温曾经说过："一句好的赞美能当我十天的口粮。"我们每天都让新鲜的赞美流淌入他人的生活中，那么彼此对生活的积极性就会增强。

夸人要夸到点子上

把话说在点子上，往往能收到意想不到的效果，而夸人夸到点子上，更会令对方喜出望外。

赞美是人们生活中不可或缺的生活调味剂，有了它，人与人之间的距离则会变得越来越近。如果要消除两人间的隔阂，真心地赞美对方是你最理想的方法。

但如果我们的赞美没有针对性，没有赞美到点子上，那么很可能会引起对方的厌恶。

当你与年老的长者交谈时，可以多称赞他引以为豪的过去，因为老年人一般都希望别人能够记住他当年的业绩和往日的雄风。当你与年轻人交谈时，不妨语气稍为夸张地赞扬他的创造才能和开拓精神，并举出几点实例证明他的确能够前程似锦。当你与商人交谈时，可以称赞他头脑灵活，生财有道。当你与知识分子交谈时，可以称赞他知识渊博、宁静淡泊。当然，这一切要依据事实，切不可虚夸。

因为恭维过度，会让人觉得你是在阿谀奉承、拍马溜须。

所以，在赞美别人时一定要善于寻找对方最希望被人赞美的地方。

由此可见，赞美就得"赞"到点子上。这样的赞美才不会给人虚假和牵强的感觉，这样的赞美往往会使对方听来十分亲切真实，使对方产生一种遇到知音的感觉，从而增进友谊，缩短彼此间的距离。

chapter 9 第九章

懂心理，聊得停不下来

用暗示性语言让他精神振作

有些病人往往因自己的疾病好转缓慢而灰心。这时，探视者如果能抓住病人在治疗过程中出现的某些症状缓解的依据，适时予以积极的暗示，将会消除病人的悲观心理，使其鼓起希望的风帆，积极配合治疗。有一个患黄疸型肝炎的病人通过一段时间的住院治疗，总以为自己的病没有好转，产生了悲观情绪，丧失了治疗信心。这时，一个亲戚前来探视，遂暗示说："你的脸色比以前好多了，听医生说，你的黄疸指数已有所下降，这说明你的病情在好转！"这句暗示性语言，客观实在，使病人的精神倏然振作，于是，他乐观地接受治疗，加快了康复进程，不久便病愈出院了。

探望住院治疗的亲友时，应该多说些有利病人振奋精神、增强信心、促进疾病治疗和恢复健康的语言。倘若面对病情较重而丧失治疗信心的亲友，你说："哎呀，你病得不轻啊，看你瘦成这般模样了。”这无疑会使病人的情绪“雪上添霜”，结果不言而喻。只要你言语得当，定会使病人在愉悦中走上健康之路。

用积极的心理暗示劝慰他人

当朋友遭遇不幸时，有的人反应往往不够得体。他们总是说出朋友不愿意听的话，令朋友难过，朋友需要时，他们却不在身边；或者，就是和朋友见了面，他们也故意回避那个敏感的话题。既然并非存心对朋友无礼或冷漠，那么，为什么会在其实愿意帮忙的时候有那样的表现呢？

我们大多数人都有过这样的经验，就是无意中说错了一句话，巴不得能把它收回。我们怎样才能在某个人处于困难时对他说出适当的话呢？虽然没有严格的准则，但有些办法可使我们衡量情况和做出得体而真诚的反应，这里是一些建议：

1.留意对方的感受，不要以自己为中心。

2.尽量静心倾听，接受他的感受。

3.说话要切合实际，但是要尽可能表示乐观。

4.主动提供具体的援助。

5.要有足够的耐心。

在另一方面，要是一个朋友的悲伤似乎异常深切或者历时长久，你要让他知道你在关心他。你可以对他说：“我能理解你的日子一定不好过。但我觉得你不应该独立应付这种困难，让我帮你好吗？”

以妙语暗示自己的实力，让对方知难而退

有时，我们基于种种限制，无法直接反驳对方，这时不妨用妙语暗示自己的实力，让对方知难而退。

实力是一个人的资本。实力摆在明处，别人自然不敢造次。但实力若被隐藏，不为人注意，有可能就得受气。因此，在必要场合时，于不动声色中显示自己的实力，可以让对方知难而退。

“绵里藏针”，是暗示自己实力的一种有效方法。其特点是含而不露。在反击中，语调平和，言辞委婉得体，既予对方以尊重，不伤害对方的情感和体面，又巧妙地暗示自己也不是好惹的。一般情况下，对方会知趣地就此打住。

“绵里藏针”，以妙语暗示自己实力的反击方法，柔中见刚，达到以柔克刚的效果。公关小姐运用此法不仅巧妙地使自己摆脱受气的境地，又无损对方的体面，而且以自己良好的修养显示了内在的威慑力。

制造一点儿悬念，让对方改变自己的观点

对于自以为是的人，要说服他，最忌正面交锋、针锋相对，这样不但不能达到预期的目的，反而会激怒被说服者，使其更加坚守自己的观点。要说服这种人，应该先巧妙地制造悬念，通过卖关子来吊对方的胃口，使对方的坚持情绪松弛下来，把他的好奇心诱发出来，在解释悬念的过程中，可用简单的事理或推论证明对方的错误性，从而让其改变观点。

要制造悬念时，你还可以让自己的言行，有多种可能的含义。然后，诱导对方的注意力在一种含义上固定下来，即为对方设下陷阱，使对方产生错觉。最后突然向另一种含义上转去，情境的对转，使对方突然产生期待的失落，从而产生了强烈的戏剧性效果。

巧妙运用逆反心理，对其进行善意的说服

逆反心理是一种常见的心理现象。每个人都有好奇心，因为好奇而想要了解某些事物。当这些事物被禁止时，最容易引起人们强烈的好奇心和求知欲。特别是只做出禁止而又不解释禁止原因的时候，反而更加激发了人们的逆反心理，使人们更加迫切地想要了解该事物。因此，你越是禁止，对方越是想知道，形成一种相对的局面。

逆反心理对个人来说，有一定的好处：它能够张扬个性，突破成规，有利于改变和创新，在一定程度上能够说明当事人有勇气和信心，敢于挑战权威的精神和态度。如果能够得到合理的激发，则有助于一个人潜力的发挥。但是如果逆反心理运用不当，则会使人形成一种狭隘的心理定式和偏激的行为习惯，处处与人对着干，使自己变得固执、偏激，无法客观地、准确地认识事物的本来面目，无论何时何地总是下意识地与常理背道而驰，做出错误的选择和决定。

因为逆反心理可以造成这样的一种心理结果，即你越是制止人们的某种行为，他们越是想要这样去做；如果你坚持采取某种

行动，结果却会使对方采取相反的行动。利用这种心理效果，我们可以设下一个小陷阱，刺激对方的逆反心理，使其主动地钻进来，以达到改变人们某种行为的目的。

可见，巧妙地利用别人的逆反心理是可以有效地改变其行为的。我们要善于利用这一点，学会对人们进行善意的规劝和说服，同时也要警惕别人利用逆反心理来激你，使你做出不理智的选择。

人们做任何事情都会有自己最初的欲望和想法，不希望受到别人的指使或者限制。如果想要改变他们的行为，巧妙地利用逆反心理是可以实现的。同时，我们也要警惕别人对自己的逆反心理的恶意利用。

运用对方的心理定式，来巧妙说服对方

世界著名的心理催眠专家埃米尔松在对人进行催眠的时候，常准备很多对方肯定会回答为“是”的问题，然后依次问对方这些问题。通过让对方不断地回答“是”，人为地让对方形成一种对任何问题都回答“是”的心理定式，进而达到心理催眠的效果。

在心理学上有个非常著名的原理叫作“刻板印象原理”，指的是：一个人在一定的时间内所形成的一种具有一定倾向性的心理趋势会影响他随后的思维方式和言行举止。即一个人在其已有经验的影响下，心理上通常会对某一特定活动处于一种准备的状态，从而使其认识问题、解决问题带有一定的倾向性与专注性。

刻板印象原理无时无刻不在影响着人的思想和行为。苏联心理学家曾做过这样一个关于“刻板印象”的实验：他把同一张照片出示给参加实验的两组大学生看。不过，心理学家事先告诉第一组的学生：照片上的人是一个怙恶不悛的罪犯；告诉第二组的学生：照片上的人是一位伟大的科学家。最后，心理学家让这两组学生分别用文字来对照片上这个人的相貌进行描述。

结果，第一组学生描述道：此人深陷的双眼表明其内心充满了仇恨，突出的下巴昭示着他沿着犯罪的道路越走越远的内心。第二组学生描述道：此人深陷的双眸表明其思想的深度，突出的下巴表明他在求知的道路上不畏艰难险阻的意志。

同一个人，之所以会得到如此截然不同的评价，就是因为评价者之前得到的关于此人身份的提示有区别。一开始产生了反感，后来就很难认同；一开始认同，往往就会一直认同。在人际交往中，如果能够巧妙地利用人的心理定式，就可以非常简单地让他人点头称“是”，对你心悦诚服。

几乎每个人都有过这样的心理经历：用“不”来拒绝对方，并不能让自己心情愉悦，甚至有时会产生不愉快的感觉。相反，表示同意的肯定性回答往往会给自己带来愉快轻松的感觉。也就是说，对人来说，同意是自然的态度，而反对要比同意困难。再加上心理定式对“同意态度的强化”，人在连续地同意了一连串事情之后，要突然扭转态度是非常困难的。

因此，通过制造对方“同意”的心理定式来使对方心悦诚服，是切实可行的说服策略。在与人交往的过程中，先就一些对方肯定会表示同意的事情取得对方的同意态度，使对方形成心理定式，最后再道出正题，往往就会避免双方的许多意见分歧，使彼此在最短时间内达成共识。

利用“期望效应”，使他人按自己的意图行事

拜托别人、希望别人来拜托自己、对他人有所期望、期望他人对自己有所期望。这是每个人都有的心理状态。拜托别人、对他人有所期望是出于现实的需要，毕竟每个人的能力是有限的；而希望别人来拜托自己，希望别人对自己有所期望，则是实现自我价值的本能需要。当别人来拜托你的时候，你心中会油然而生一股满足感、成就感，做起事来也干劲十足。

因此，如果你想要他人听从你的指示，不妨将自己对对方的期望明确地表达给对方。因为心理学上有一个非常著名的“期望效应”，它是说，人往往会按照他人所期望的那样去做。

利用“期望效应”来使他人按照自己的意图行事，是一个非常明智的方法。尤其是当你处于对方上级的地位的时候，对下属满怀期望，这种“降级拜托”的行为往往能在更大程度上激发起对方的干劲儿，使“期望效应”产生更大的影响。

绝大多数人都有过这样的经历：当自己的上级对自己说：“我对你的将来抱有很大的期望”或者“我对你很有信心，你一定能将这份工作干好”的时候，心中就会产生一种无法形容的兴奋感，并下定决心，好好干，以免辜负了领导的期望。

值得注意的是，适度地对他人寄予期望是一件好事，但如果

超过他人的能力范围期望过度的话，就会给对方造成沉重的心理负担，令人惶恐不安，进而产生反抗心理。

一开始就先声夺人，让对方屈服

人总是欺软怕硬的，遇到弱小的一方总是喜欢以强欺弱，非得把对方逼到无路可退的境地。这是人的一种劣根性。如果你居于弱势地位，当对方不肯轻易顺从你的意见，甚至显示出一种居高临下的姿态时，你可以开始一上来就以“恐吓”压制住对方，从而让对方屈从和改变主意，反客为主，占据你的主动地位。

活着就是一种对抗，如果你不想被对方压倒，那你就得先声夺人，反客为主。时刻占据上风才能赢。

恰当的反馈，能使对方更积极地为你办事

评价就是对他人活动的一种反馈，而所谓反馈指的是行为者对自己行为结果的了解，这种了解能够强化先前行为的作用，从而使行为者更加积极地做出类似的行为，提高行为的效率。这一现象，被心理学家称为“反馈效应”。也就是说，给予对方合适的反馈信息，能够使他更加积极地努力。

生活中，反馈效应是普遍存在的。我们应该记住：有反馈比没有反馈好，正面反馈比负面反馈好，即时反馈比远时反馈好。而作为管理者，想让团队成员积极地为你效力，以下几点是值得注意的：

1.在活动过程中，及时地进行自我反馈，即自省。避免盲目

性，找到最佳方法。

2.重视别人所做的评价，结合实际情况客观地进行自我总结，提高自身素质来推动事物的进程。

3.正确对待自己的进步，要胜不骄败不馁，始终朝着前方更加远大的目标不懈地努力。

4.在团队中建立起合理的反馈制度，及时、客观地对成员的活动进行评价，以保证他们的活动效率。

顺言逆意归谬法，让强势的他也点头

实践已使许多人懂得，当我们面对强势、恶势的人，或者固执己见的人时，直接反驳其错误会有诸多的不便，而最有效、最巧妙的方法当属归谬说服了。

所谓归谬说服，与直接反驳对方的错误观点大相径庭，而是先假设对方的观点言之有理，然后据此引申出一个连对方也不得不承认其荒谬的结论，从而心甘情愿地放弃原有的错误观点和主张，无条件地接受说服者输出的思想信息。

在说服他人的过程中，抓住对方观点中隐蔽的荒谬点，加以推衍，或由此及彼，或由小到大，或由隐到显，最后得出一个荒谬可笑的结论，从而攻破对方错误的论点。这种说服方法用在对待某些恶人时，会达到一种辛辣讽刺的效果，使其知难而退，从而达到软性说服的目的。

说服可以说是无处不在的。面对朋友、家人、同事，甚至陌生人时，说服都有可能发生。而当我们面对强势或恶势的时候，说服尤为困难。在这两者面前，说服最适宜采用引申归谬的方法。

迎合他人的自尊心，让他乐于改变

心理学家认为，尊重是每一个人的心理需要。不管先天条件如何，财富的多少，地位的高低，任何人都需要得到别人的尊重。因而，要想使他人乐于改变，最重要的就是迎合他人的自尊心。

马斯洛说："尊重需要的满足，能够使人对自己充满信心，对社会满腔热情，体会到自己生活在世界上的用处和价值。"但尊重的需要一旦受到挫折，就会使人产生自卑感、软弱感、无能感，会使人对生活失去基本的信心。

有一个人经常被朋友邀请举办演讲，虽然其中一些人因特殊关系很难拒绝，但他都以巧妙的方式回绝了，朋友们最后也并没有因此而感到不满。他是如何做到的呢？他并没有摆出自己如何忙碌的事实，也没有寻找其他托词，而是表达了对邀请方的感激和为自己无法满足他们的请求的遗憾，随后他又推荐了另外一个演说家。换句话说，他没有给他人一点儿机会来对他的拒绝感到不满，并且很快让人们对其他有可能接受邀请的演说家给予了关注。

拿破仑创建了法国荣誉军团勋章，为优秀士兵发放十字勋章，给18位将军授予"法国元帅"的称号，并将自己的军队称为"宏伟之师"。人们批评他在给身经百战的军人颁发"玩具"，拿破仑答道："人类就是被这种玩具统治着的。"

拿破仑使用了授予他人头衔和权威的技巧，即尊重他人，迎合他人的自尊心，这种方法在你身上也能发挥作用。

提升自我形象，增加成功的筹码

一般人求人办事时，态度低三下四，让对方可怜，这种人对方可能见得比较多。但是，如果你一反常规，巧用手段提升自我形象，从气势上不输给对手，给对方造成一种错觉，使得对方产生这样一种怀疑："这人可能有些来路。"如此，就能很容易地替你办事了。

在商业竞争中，如果你势力弱而又想把自己的事业做大，那么你就应该多提升自我形象，至少给对方一个你实力强大的印象，只有这样你才能成功地借助对方的力量。

提升自我形象，增加自身分量是一种博弈手段。求人办事时，我们不妨改变以往谦恭谨慎的求人法，用一些博弈手段，为自己更好地办事创造条件。

要改变他人的行为，首先应该悦纳他人

在日常的人际交往中，不知你是否遇到过这样的情况：一名新来的同事没招你也没惹你，但你就是看他不顺眼，他一有什么过错，你就会毫不留情地指责他；你的朋友最近因为儿子的事情烦恼不堪，找你帮忙让他儿子进某所重点中学，鉴于多年的友谊，你很快就答应了，并在很短的时间就帮他办成了。类似的事

例有很多，为什么你对同事和朋友有截然相反的态度呢？

社会是由各种各样的人组成的，这些人会有不同的思想性格、兴趣爱好与生活习惯。有的人热情开朗，有的人沉静稳重，有的人性子急躁，有的人心胸狭窄，面对这么多不同性格的人，你应该怎样使他们乐于按照你的意愿行事呢？

要想改变他人的行为，首先应悦纳他人。悦纳他人，就要满怀热忱地和他们相处，容忍并且诚心地尊重别人与自己不同的性格、兴趣和生活方式，还要主动了解别人的性格特征，熟悉别人的生活习惯，在这个基础上创造和谐融洽的人际环境。

悦纳他人还应该做到“乐道人之善”。“金无足赤，人无完人”，对待同事、朋友，要多看他们的长处，多学他们的优点，不能看自己是“一朵花”，看别人就是“满身疤”。我们经常会见到这样一种人：他们对自己所做的工作一点一滴都记在心头、挂在嘴上，挑别人的毛病也绝无遗漏，说起来如数家珍，而对自己的毛病、别人的长处，则一概缄口不语。这种人往往为人们所不齿，被称为“不团结因子”。乐道人之善，一方面要注意不能因为自己比别人做的工作多一点儿或能力强一点儿，就沾沾自喜，瞧不起别人；另一方面还要善于发现别人的优点、长处，对他人的工作成绩多加褒扬。这样，不仅显示出了自己虚怀若谷的风度，有益于团结，而且对自己的成长与进步也会大有好处。当然，对别人应该实事求是、恰如其分。如果不顾事实或夸大事实，就可能适得其反。

不妨提一个更大的要求，更容易取得成功

在生活中，我们经常可以见到这样一种现象：一个人提出了一个大要求后再提出一个同类性质的小要求，这个小要求就有可能被人轻易地接受。这一现象与“进门槛”恰好相反，因而人们称其为“反进门槛效应”，也叫留面子技术。上面两个例子就是很好地运用了留面子技术。

这一效应在美国心理学家西阿弟尼等人1975年做的实验中得到了印证。他们要求第一组被试做一件没有工资的工作，即当少年犯的顾问，每星期两个小时，至少做两年。毫无疑问，没有一个人答应这样的要求。当所有人都拒绝时，实验者马上问他们，是否同意做别的事情，只需要很少的时间，即带着少年犯到动物园游玩两个小时；对第二组被试只提出了较小的要求，要求他们带那些少年犯到动物园游玩；对第三组被试提出可以在两种要求中间选择一个。结果他们同意的百分率分别为50%、16.7%、25%。

由此可见，运用这种留面子技术的效果是十分明显的。事实上，这种技巧在小商品市场中司空见惯。那些小摊贩先漫天要价，然后再讨价还价，这时人们便以为他为此让步了，价格比较合理了，因此便接受了他们的要求。

“反进门槛效应”的产生与心理反差的错觉作用密不可分。大要求与小要求会引起心理反差。一般来说，要求之间的差距越大，其心理反差也越大，给人的错觉也越大。

实践证明，在社交中运用留面子技术是很有效的。在人际交往的过程中，我们要适当地运用留面子技术，以便达到我们使他人顺从、改变他人的目的。但是在运用留面子技术时，要注意以下几个方面：

首先，我们要学会不露痕迹地使用留面子技术。在使用时，一定要让对方处在无意识的状态下。

其次，我们要学会合理的让步法。一般来说，让步越大，其效应越大。但是，一旦被人认为这种让步是虚假时，其信任程度就发生了变化，他对你的让步就不信任了。因而你不管提什么要求，他都会认为是高的。

给予对方一个头衔，让他鼎力相助

虽然头衔是虚的，不能增加人的经济收益，但却可以在极大程度上满足人的自我成就感。很多人都通过给予对方一个光辉闪耀的头衔来获得对方的鼎力协作。

头衔是一种公开化的赞誉，面对它，几乎没有人能够真正抗拒。头衔能够让许多人激动不已，能够激发他们的工作热情，当然，还能够赢得他们的忠诚。一个小小的头衔真的拥有这么巨大的魔力吗？

人有一种将自身的言行与自己所扮演的角色统一起来的本能，人很难抛开自己所拥有的头衔而做出格的事情。

作为美国劳工协会缔造者的赛谬尔·冈伯斯就是凭借这个策略走向了成功。在刚开始的时候，他所面临的困境除了缺少资金之外，还缺少同盟者。为此，他创立了“民间委任状”，专门对那些愿意组织工会的人授予荣誉称号。采用这种方式，一年之中他就获得了80个人的鼎力支持。从此以后，美国劳工协会的会员数目开始直线攀升。

要想获得他人的鼎力支持，给予他人合适的头衔是非常有效的方式，这被无数事实反复证明着。

说服没有主见的人：“大家的意见都是这样”

有心理学家曾做过这样一个实验：让五个人围坐着一张桌子，实验者请他们判断线段的长度。每次呈现一组卡片，每组包括两张，一张卡片上有一条垂直线段，称为标准线段;另一张卡片上有三条垂直线段，其中一条与标准线段一样长，另外两条要么长了许多，要么短了许多，要求他们把那条与标准线段等长的线段挑出来。按理论，每个人都可以轻易地做出正确无误的选择。

一般认为从众行为的原因来源于两种压力：一种压力为群体规范的压力，任何与群体规范相违背的行为都会受到群体的排斥。个体由于惧怕受到惩罚，或者为了表明自己归属于群体的愿望，就会做出从众行为。

另一种压力是群体信息的压力。我们知道，他人常常是信息的重要来源，我们通过别人获得许多有关外部世界的信息，甚至许多有关我们自己的信息也是通过别人获得的。

在一般情况下，那些我们认为能带给我们最正确信息的人，往往是我们仿效和相信的人。这种信息压力引起的从众行为无论在实验中还是在生活中都是存在的，人们倾向于相信多数，认为多数人是信息的正确来源而怀疑自己的判断，因为人们觉得多数人正确的情况比较多。在模棱两可的情况下，从众的行为更容易发生。因为在这种情况下，人们很容易失去判断自己行为的自信心。

“长他人志气，灭自己威风”更能有效说服

在说服他人的过程中，有些说服者虽然思路敏捷，但一说话就令人感到狂妄，因此对方很难接受他的观点或建议。这种人多数都是因为喜欢表现自己，总想让别人知道自己很有能力，处处想显示自己的优越感，从而获得别人的敬佩和认可，结果往往适得其反，失掉了在说服对象面前的威信。

在人际交往过程中，那些谦让而豁达的人总能赢得更多人的赞同，相反，那些妄自尊大、高看自己、小看别人的人总会引起别人的反感，最终难以说服他人做任何事情。

法国哲学家罗西法古曾说过：“如果你要得到仇人，就表现得比你的朋友优越吧；如果你要得到朋友，就要让你的朋友表现得比你优越。”老子也说过：“良贾深藏财若虚，君子盛德貌若愚。”意思是说商人总是隐藏其宝物，君子品德高尚，而外貌却显得愚笨。这句话告诉我们，必要时要藏其锋芒，收其锐气，不可不分青红皂白将自己的才能让人一览无余。你的长处被说服对象看透了，就容易被他们利用。

另外，谦虚谨慎更能得到对方的信任。因为谦虚，你会赢得

对方的尊重，这样你就更有可能说服他。

每个人都希望能得到别人的肯定评价，都在不自觉中强烈维护着自己的形象和尊严。如果谈话对手过分地显示出高人一等的优越感，那么他就会认为是对他自尊和自信的一种挑战与轻视，排斥心理也就随即产生了。

所以，在说服他人的过程中，我们一定要忽略自己，以此让对方从心理上感到一种满足，使他愿意听取你的建议。当你表现出大智若愚，使对方陶醉在自我感觉良好的气氛当中时，你就已经受益匪浅了，差不多已经完成了说服工作中最重要的环节。

以众敌寡，逐渐将其同化

利用从众心理可以帮助我们集聚众人、增加人气，也可在绝大多数人的意见一致时，对个别人起协调作用，使之与集体保持一致，可概括为：以众敌寡、逐渐同化。例如，与其用说教的方法强迫孩子读书，不如让他和喜欢读书的孩子在一起。虽然刚开始时，他会觉得别扭，不大合群，但久而久之就会被同化，变得喜欢读书。再如，如果想让那些不喜欢发言的职工在会议中开口说话，就可以让一些“引导人”先发言，从众心理会使那些不爱发言的人也不由得采取了“同调行动”，踊跃发言。

总之，在现实生活中，少数服从多数的原则会对人们形成很大影响，给少数派的人造成很大的压力，使其心理立场发生动摇，最终放弃自己的主张而被别人同化。有时，我们为了获得这样的效果，则需要制造一种以众敌寡的压倒式局面和氛围，使对方就范。

要劝服一个人遵从自己的意见，可以采取以众敌寡、逐渐同化的方法。一个人唇焦舌干地苦苦相劝，可能并不能达到说服的效果，而让多个人轮流去劝说，就会给对方造成压力，使其被同化。

chapter 10 第十章

如何应对棘手的交谈

掉转话头而言其他

在语言交际中，我们经常会遇到一些令人尴尬的问话，比如涉及国家、组织的秘密，涉及个人收入、个人生活、人际关系等问题。对待这样一些提问，如果我们用“不能告诉你”来回答，那会使你显得粗俗无礼，如果套用外交用语“无可奉告”来作答，那又会给提问者造成心理上的失望与不快。

总之，对待这样一些古怪的问题，我们答得不好，就有可能自己给自己套上难解的绳索，使自己陷入十分难堪的泥淖，不能自拔以致大失脸面。

如处于这样的尴尬场合时，就需要具备“顾左右而言他”的语言艺术，从而能使你面对尴尬而峰回路转，取得柳暗花明的效果。

维护当事人的自尊心

一般来说，人们对于自尊往往存有不容侵犯的保护意识，如果你能顾及他人的自尊，处处为其着想，那么解决起问题来就容易得多了。

同样，在调解纠纷时，不对矛盾的双方进行批评指责，相反，分别赞美争执的双方，肯定他们各自的价值，使他们感到再争执下去只会损害自己的形象，因而自觉放弃争吵。

每一个人都是有自尊心的，如果你对他所说的话能够表示同意，这就是尊重他的意见，他在无形中把自己抬高了，而抬高他的便是你，自然他对你是十分高兴的，他也愿意和你做朋友。反过来，你不能对他表示同意，显然你是站在和他敌对的地位，你是他的敌人而不是友人，他能不和你为难吗？所以在说话的时候，这一点我们是应该要加以注意的。

总之，顾及他人的心态及立场，尊重他人的自尊，是调解纠纷的必备武器，更是相当重要的为人之道，也是让他人交出信任的不可或缺的要素之一。因此，你要促使别人与你合作，你要说服他人，就必须遵循说服的这一要诀：维护他人的自尊。

调解纠纷的“三宝”

在日常生活中，人与人之间有时难免会因为这样那样的原因引起争吵或纠纷，产生交往上的障碍，对于始料不及的纠纷，如果得不到及时解决，化干戈为玉帛的话，往往会使双方积怨加深，妨碍彼此间的正常关系。这时就需要纠纷外的第三者去调解，使其关系融洽。

比如说，你与一个朋友之间产生了一定的隔阂，但又不想与之断交，这就不妨请个第三者从中说和。第三者的任务是将双方的歉意及想保持交往的愿望准确真实地进行传递。

人间需要“和事佬”。有机会充当这样的角色，是很有意义的事。有时候，双方陷入僵局，相持不下，顾及脸面，谁也不愿作个低姿态，给对方一个台阶。这时“和事佬”就大有用武之地了。“和事佬”最高超的功夫，就是“打圆场”。

所谓“打圆场”，是指交际双方处于争吵或尴尬境地时，由“和事佬”出面站在第三者角度进行调解。“打圆场”近似于捧场，同是圆滑乖巧之为，但它没有捧场那般肉麻，而且在了结现实矛盾、平息事端的功效上，都比捧场高上一筹。“打圆场”运用得好，可以活跃气氛，联络感情，消除误会，缓和矛盾，平息事端，还有利于应付尴尬，打破僵局，解决问题。

打圆场要让双方都满意

在别人发生矛盾、争论的时候，夹在中间的滋味是比较尴尬的。作为争论的局外人，我们应当善于打圆场，让矛盾得到及时化解。但是在打圆场的时候，一定要注意一个问题，就是要不偏不倚，让双方都认为你没有偏向。否则，只能是火上浇油，还不如不说。

当双方为某件小事争论不休，各说一套，互不相让，纠缠不休时，“和事佬”无论对哪一方进行褒贬过分的表态，都犹如火上浇油，甚至会引火烧身，不利于争端的平息。

如果属非原则性的争论，双方各执己见，而这场争论又没有必要再继续下去，那么作为“和事佬”又如何“打圆场”呢？如果力陈己见，理论一番，恐怕不会有效。

假如争论的问题有较大的异议而双方又都有偏颇，眼看观点越来越接近，但由于自尊心，双方又都不肯服输，这样，就把争论引导到理论的探讨、观点的统一上来了。但不能“各打五十大板”。因为，所谓“各打五十大板”是不分青红皂白、是非曲直的，那样乱批一气不利于解决问题，不可取。

受到诋毁时如何说话

人生在世，免不了遇到说三道四、传播闲言碎语的人。他们喜欢议论谁是谁非。这类人中有的是有目的地中伤他人，有的是为了操纵他人，捞取好处。

首先，尽力找出这些闲话后面隐藏的动机，然后鼓励那些散布闲话者更加直率和公正地表达自己的意见和想法，让他们面对面地向你道出自己的不满。这样做，你有时可以打碎遮挡于你们之间的屏风，判断出问题的真正所在，然后澄清事实，及时将矛盾予以解决。

正面消除闲言碎语，这对你十分重要，如果越任其滋生蔓延，越会对你不利。其他人也会觉得你无法处理这一问题，谣言传播得太久，也会被他人误以为是事实。因此，你可以与散布谣言者正面交锋面谈，与其单独谈谈这一问题。你可以问问他们：

“我所听到的话都是你真心想说的吗？”

“我猜测你不同意我的观点，对吗？”

“我们能谈谈你的想法吗？”

如果你表现得十分真诚而直率，并且那些谣言传播者根本上并无恶意，而只是一种误解或者迷惑，他们很有可能会当场败下阵来，向你表示歉意，并制止和收回自己的谣言。

当众人向你散布谣言时，制止谣言的另一战略是让其中的一些人站在你的一边，然后再去影响和改变另外一些人，让谣言不攻自破、逐渐消失。

发生冲突时切忌失去理智

人与人之间难免因某种原因产生摩擦，这时，如果把话说得过重，就会使矛盾激化，相反，如果压制自己的情绪，则会让事情平息下来。

如此愈是责骂，反抗心便愈是高涨，愈是希望他们反省，愈得不到效果，于是情况就会变得更糟。

压制自己的情绪，在遇到愤怒的事情时，切勿失去理智、口不择言。通常有些“过头话”是在感情激动时脱口而出的：人们为了战胜对手，往往夸大其词，着意渲染，“攻其一点，不及其余”，甚至使用污言秽语。如夫妻吵架时，丈夫在火头上说：“我一辈子也不想见到你！”这话显然是气话、“过头话”，是感情冲动状态下的过激之言。事过之后，冷静下来，又会追悔莫及。钢刀砍在石头上，肯定会溅起火星，如果钢刀砍在棉花上，则软而无力。对方一定不会再强硬下去。

保持谨慎意识，避开语言中的陷阱

要想自己不陷入窘境，最好时刻保持谨慎，避免可能出现的语言危机，与其在危机出现了之后再挖空心思解围，不如平时多注意如何来防止窘境的发生。

平时说话最忌讳的就是口无遮拦，说话不经大脑思考，直接信口而出。

在交谈中，每说一句话之前，都要考虑一下你要说的话是否合适，不要想说什么就说什么，给其他人造成不快。

除非是亲密的朋友，否则最好不要对个人的卫生状况妄加评论。如果某人的肩膀上有很多头皮屑或口中很难闻，或者拉锁组扣没系好，请尽量忍耐不去想，并等他亲密一些的朋友告诉他。如果你直接告诉他，特别是在人比较多的场合，很容易让对方处于尴尬的境地。

许多人不喜欢别人问自己的年龄。尤其对女性而言，年龄是她们的秘密，不愿被人提及。对钱等涉及个人收入的一类私人问题的询问通常也是不合适的，可以置之不理。

在社交活动中，应以诚待人、宽以待人。要与人为善，而不要打听、干涉别人的隐私，评论他人的是是非非。不要无事生非、捕风捉影，也不要东家长西家短，更不要传小道消息，把芝麻说成西瓜。说话要有事实根据，不能听风就是雨，随波逐流。

俗话说："良言一句三冬暖，恶语伤人六月寒。"所谓恶语是指那些肮脏污秽、奚落挖苦、刻薄侮辱一类的语言。口出恶语，不但伤人，而且有损自身形象。在社交活动中，应当尊重人，温文尔雅，讲究语言美，而不要自以为是，出言不逊，恶语伤人。

人们在交谈中常有一些失言："哎，你儿子的脚跛得越来越厉害了？""你怎么还没结婚？""你真的要离婚吗？"等，一些别人内心秘而不宣的想法和隐私被你这些话无情地暴露了出来，实在是不够理智的。如果你想让人喜欢，就不要对跛子谈跳舞的好处和乐趣；不 要对一个自立奋发的人谈祖荫的好处；不要无端嘲笑和讽刺别人，尤其是别人无能为力的缺陷，否则就是一种刻薄。

礼貌是文明交谈的首要前提。在交谈中要体现出敬意、友善、得体的气度和风范。要做到礼貌交谈，首先就要使用礼貌用语，如"请""谢谢"等。参加婚礼时，应祝新婚夫妇白头偕老。在探望病人时，应说些宽慰的话，如"你的精神不错""你的气色比前几天好多了"等等。随着语言本身的发展，一些词汇的意义也发生了转移，譬如"小姐"等，在使用时要针对不同对象谨慎决定。

还要注意在日常生活中，遇到矛盾冲突时，应冷静处理，不用指责的语言，多用谅解的语言，以免使人难堪。有些预料中的尴尬是可以及时避免或减轻的。

面对过分的玩笑你该如何应对？

玩笑开得过分时，气氛往往会变得比较尴尬或紧张，这种情况下，很多人还是希望能保持住自己说话的风度。那么，该如何应对这种过分的玩笑呢？你可以选择下面的方法作为参考，以便顺利走出困局：

1.借题发挥

当有人对你开的玩笑带有一定的侮辱性质，而开玩笑的人又不是恶意刁难你的时候，如果你能顺着对方的话，再借题发挥一番，反而把他的话变成你用来夸奖自己的话，可谓是一种最机智的选择。这样既能避免自己的难堪，又不至于把关系弄僵。

2.诱敌上钩

当有人纯属恶意地开你的玩笑时，你当然需要毫不客气地回敬，诱敌上钩就是其中的一种技巧。你要逐渐诱惑对方进入你语言的圈套，在适当的时候，就反戈一击，让对方自讨其辱。

3.反唇相讥

生活中一些尴尬的局面，完全是由于别人不敬的玩笑引起，如果你隐忍退让，只会被人看扁；如果针锋相对，又会把事情搞僵。这时不妨采用反唇相讥的办法，把对方开自己玩笑的话返回到他自己身上去，从而为自己争取主动。

当别人打探你的隐私时该怎样说

隐私本是一个人内心深处的不愿被别人知道的东西，但是在人际交往中，有些人总是会有意或无意地触及别人的隐私。不管问的人动机如何，一旦被问的人回答不好，很有可能会产生一些不良的后果。那么当你面对被问及隐私时该怎样回答呢？下面的几种方法不妨一试：

1.答非所问

2.似是而非

3.绕圈子

4.否定问题

5.直言相告

有时候，对方打听你的隐私时，你可以开门见山，指出对方问话的不当，直言相告，表达自己的不满。

表态时“是”或“不是”要少说

在实际的交往中，有时你可能处于主动地位，有时则可能处于被动的位置。在被动情况下接受对方的提问、质疑时，如何回答、如何表态就成为一个十分关键的问题，稍有不慎，就会造成误解、泄密或其他不良后果。这时，最好的办法就是避免表态。但是，直率地拒绝表态是失礼的、不当的。正确的办法应该是：表态时尽量避开说“是”或“不是”，既要避开表态，同时又不能有损对方的面子，破坏双方交谈的气氛，还要在国际公众面前树立起良好的个人形象和国家形象。常见的避开表态的方法有以下两种：

1.话题转移法

20世纪70年代的中东战争中，基辛格率领美国代表团前往埃及与萨达特总统进行和平谈判。会谈一开始，萨达特说了几句寒暄话以后，就让基辛格看一个计划。

然后，萨达特吸了一口烟，征求基辛格的意见，要他表态。

根据这个计划，以色列需大范围撤离，这是难以办到的。基辛格不能表示同意这个计划。但是，会谈刚刚开始，而且美、埃自战争以来才刚刚开始接触，这时表态拒绝这个计划也是不明智的。那么，可不可以表态说“让我们就交换条件谈谈吧”？也不行，在双方没有任何信任基础的时候来谈这个各方都难以让步的棘手问题，也将是危险的。这时，基辛格就使用了话题转移法。基辛格说道：“在我们谈论手头的事务以前，可否请总统告诉我，你是怎样设法在10月6日那天如此成功地发动了那次令人目瞪口呆的突然袭击的？那是个转折点，我们现在所做的事，从某种意义上说，是这个转折点的必然结果。”

萨达特眯着眼睛，又吸了一口烟，他微笑了。于是他放弃了要基辛格表态的要求，而是应基辛格的要求讲述起来。基辛格之所以能成功地避免表态，是因为他采用尊重对方的方法来转移话题。基辛格主动问起那件事是恭维萨达特，确立他的谈判地位，证明他不是从软弱的地位出发来进行谈判的，他不是一个低声下气的人，他已为埃及取得了谈判的权利。总而言之，他恢复了埃及的荣誉和自尊心。

2.玩笑回避法

在埃及和美国会谈结束后，萨达特和基辛格两人会见了记者。一名记者问萨达特：“总统先生，美国是不是从现在起不再给以色列空运军用物资了？”

“你这个问题应当向基辛格博士提出。”萨达特回答道。

虽然此时他已十分清楚地知道空运即将结束，但他还是进行了回避。

基辛格立即说："幸亏我没有听见这个记者问的是什么问题。"

对于空运是否即将停止这个敏感的机密问题，双方都出于保密原因而进行回避，但萨达特用的是转移视线，而基辛格用的则是"打哈哈"，即说笑回避。在当时情况下，这两种方法都是有效的。

因此在遇到一些棘手的事，需要你表态时，要尽量避免用"是"或"不是"这样的绝对性字眼，而要采取措施转移或回避表态。

图书在版编目（CIP）数据

跟任何人都聊得来 / 博群编著. -- 长春 : 吉林文史出版社, 2019.7（2024.8重印）

ISBN 978-7-5472-6016-6

Ⅰ. ①跟… Ⅱ. ①博… Ⅲ. ①心理交往—语言艺术—通俗读物 Ⅳ. ①C912.11-49

中国版本图书馆CIP数据核字(2019)第042406号

跟任何人都聊得来

GENRENHERENDOULIAODELAI

编　　著　博　群

责任编辑　张雅婷

封面设计　末末美书

出版发行　吉林文史出版社有限责任公司

地　　址　长春市福祉大路5788号

电　　话　0431-81629353

网　　址　www.jlws.com.cn

印　　刷　北京永顺兴望印刷厂

开　　本　880mm × 1230mm　1/32

印　　张　4

字　　数　80千

版　　次　2019年7月第1版　2024年8月第2次印刷

定　　价　19.80元

书　　号　ISBN 978-7-5472-6016-6